कर्पूरी ठाकुर

जननायक से भारत रत्न तक

वाणी जीवनी श्रृंखला

हरिनारायण ठाकुर

वाणी प्रकाशन

प्रकाशन के उत्कृष्टतम 61 वर्ष

vaniprakashan.com

पेपरबैक पहला संस्करण : 2024

वाणी प्रकाशन

4695, 21-ए, दरियागंज, नयी दिल्ली-110 002

फ़ोन : + 91 11 23273167, 23275710

शाखाएँ

अशोक राजपथ, पटना-800 004, बिहार

कॉफ़ी हाउस कैम्पस, महात्मा गांधी मार्ग, प्रयागराज-211 001, उत्तर प्रदेश

महात्मा गांधी अन्तरराष्ट्रीय हिन्दी विश्वविद्यालय, वर्धा-442 001, महाराष्ट्र

sales@vaniprakashan.in
vaniprakashan@gmail.com

Karpoori Thakur : Jannayak Se Bharat Ratn Tak
by Harinarayan Thakur

ISBN : 978-93-6287-315-6
Biography

मूल्य : ₹ 295

रेप्रो इंडिया लि., मुम्बई - 400 013 में मुद्रित

वाणी प्रकाशन का लोगो मक़बूल फ़िदा हुसेन की कूची से

भारत रत्न, जननायक कर्पूरी ठाकुर का व्यक्तित्व, त्याग, समर्पण और संघर्ष जितना बड़ा और महान है, उन पर स्तरीय जानकारी और प्रामाणिक पुस्तकों का उतना ही अभाव है। चर्चित लेखक और आलोचक डॉ. हरिनारायण ठाकुर की प्रस्तुत पुस्तक इसी दिशा में एक प्रामाणिक प्रयास है। लेखक ने कर्पूरीजी के जीवन के तमाम पहलुओं की छानबीन करके संक्षेप में उनके जीवन-संघर्ष और कार्यों का समीक्षात्मक ब्योरा प्रस्तुत किया है। तथ्यों, तर्कों, घटना और स्थिति-परिस्थितियों का यथार्थपरक आकलन और विश्लेषण किया गया है। पुस्तक में जुटाये गये आँकड़े और विवरण कर्पूरीजी के पुरजन-परिजनों और निकट सहयोगियों के सम्पर्क, साक्षात्कार और विभिन्न प्रामाणिक स्रोतों द्वारा सम्पुष्ट हैं। इसीलिए पुस्तक अपने आप में एक ऐतिहासिक दस्तावेज़ है।

कर्पूरी ठाकुर ने गुलाम भारत को आज़ाद कराने में जितनी बड़ी भूमिका निभायी, उससे बड़ी भूमिका उन्होंने आज़ाद भारत में सामाजिक और आर्थिक न्याय की लड़ाई लड़कर ग़रीबों को ज़ुबान और उनका हक़-हुकूक दिलवाने में निभायी। उनका संघर्ष बहुआयामी था। वे जीवन-भर एक अथक योद्धा की तरह सामाजिक, आर्थिक और राजनीतिक विसंगतियों से लड़ते रहे। उन्होंने आज़ादी की लड़ाई लड़ी, किसान-मज़दूरों की लड़ाई लड़ी, छात्र-नौजवानों की लड़ाई लड़ी, ग़रीब-गुरबों की लड़ाई लड़ी, ऊँच-नीच, भेदभाव और ग़ैर-बराबरी को मिटाने की लड़ाई लड़ी। उनकी हर लड़ाई संवैधानिक और लोकतान्त्रिक मूल्यों की रक्षा की लड़ाई थी।

उनके पास न धनबल था, न बाहुबल; केवल जनबल के सहारे उन्होंने इतनी बड़ी लड़ाई लड़ी और बहुत हद तक सफल भी हुए। बिहार जैसे पिछड़े राज्य के सबसे पिछड़े और ग़रीब वर्ग में जन्म लेकर वे अपनी सेवा, समर्पण और त्याग की बदौलत सत्ता के सर्वोच्च शिखर पर पहुँचे ज़रूर, पर अपनी ईमानदारी और सामाजिक-नैतिक निष्ठा और मूल्यों की रक्षा के लिए जीवन-भर ग़रीब और अभावग्रस्त ही बने रहे। वे अपने युवाकाल से लेकर जीवन-पर्यन्त विधायक, सांसद, मन्त्री और मुख्यमन्त्री तक रहे, पर उन्होंने अपने लिए न एक धुर ज़मीन ख़रीदी और न कहीं मकान बनाया। उनके गाँव का घर 'इन्दिरा आवास योजना' से बना, जो उनके निधन के बाद 'स्मृति-भवन' बन गया। भारतीय इतिहास में ऐसे सेवापरायण, समर्पित, संघर्षशील और त्यागी राजनेता दुर्लभ हैं। उनके निधन के बाद उनके गाँव का नाम 'कर्पूरी ग्राम' ज़रूर पड़ा, पर उनकी सेवा के अनुरूप उन्हें कोई सम्मान नहीं मिला। इस कमी को भारत सरकार ने उन्हें मरणोपरान्त वर्ष 2024 के लिए सर्वोच्च नागरिक सम्मान 'भारत रत्न' से सम्मानित करके पूरा किया है।

पुस्तक में कर्पूरीजी के समय और समाज से लेकर आज की राजनीति और समाजशास्त्र पर पर्याप्त प्रकाश डाला गया है। डॉ. हरिनारायण ठाकुर की यह पुस्तक *कर्पूरी ठाकुर : जननायक से भारत रत्न तक* पाठकों और शोधकर्ताओं के लिए पठनीय और उपयोगी सिद्ध होने वाली है।

—प्रकाशक

सामाजिक और आर्थिक लड़ाई में सक्रिय अथक योद्धाओं,
हाशिये के बहुजन समाज और
नयी पीढ़ी को

अनुक्रम

अपनी बात

क्रान्ति और परिवर्तन के अथक योद्धा

कर्पूरी ठाकुर किसी परिचय के मोहताज नहीं हैं। वे क्रान्ति और परिवर्तन के प्रतीक और पर्याय थे। उन्होंने न केवल आज़ादी की लड़ाई में महत्त्वपूर्ण भूमिका अदा की, बल्कि उनके जुझारू नेतृत्व में लड़ी गयी लड़ाई के फलस्वरूप पहली बार कई प्रान्तों और देश में समाजवादियों की सरकारें बनीं। ये देश की पहली ग़ैर-कांग्रेसी सरकारें थीं। छात्र जीवन से मृत्युपर्यन्त वे बिहार और देश की आम जनता के बीच घूमते रहे। राजसत्ता पाकर भी वे फ़क़ीर रहे, कबीर की तरह फक्कड़ और मस्तमौला। सत्ता के सिंहासन पर बैठकर भी वे जनता के बीच जाते रहे। अखण्ड बिहार (झारखण्ड सहित) का शायद ही कोई ज़िला, प्रखण्ड, गाँव या शहर हो, जहाँ कर्पूरी ठाकुर नहीं गये हों। वे देश और दुनिया में लोकतान्त्रिक, समाजवादी और मानवीय मूल्यों की स्थापना चाहते थे। उनका सम्पूर्ण जीवन संघर्ष और क्रान्ति का था। जनता ने उन्हें जननायक कहा था। इसीलिए भारत सरकार ने अभी हाल ही में उन्हें मरणोपरान्त देश के सर्वोच्च सम्मान 'भारत रत्न' से सम्मानित किया है।

उनका जन्म और कर्मक्षेत्र बिहार था, पर वे उत्तर प्रदेश और दिल्ली-हरियाणा के भी उतने ही थे, जितने बिहार के। देश के भी अधिकांश शहर कर्पूरी जी के नाम से परिचित थे। पड़ोसी देश नेपाल और वहाँ की

राजशाही भी उनके कार्यों की कायल थी। भारत-पाकिस्तान, बंगलादेश और भारत-तिब्बत मैत्री के वे समर्थक थे। वे जहाँ भी जाते, आम-अवाम के बीच रम जाते। उनकी झोंपड़ी में खाना खाते, सोते और बोलते-बतियाते, उनका सुख-दुख साझा करते। वे राजा-महाराजा और सामन्तों के दरबार में कम ही जाते और रहते थे। अपनी जनता को वे नाम से जानते थे। वे अक्सर पैदल चलते या दूसरे की साइकिल पर बैठकर। दूर-दराज जाना हो, तो बस या ट्रेन से। बिहार का चप्पा-चप्पा उनके पाँवों से परिचित था और गली-गली उनके नाम से। वे सचमुच ग़रीबों के मसीहा और झोंपड़ी के लाल थे। इसी झोपड़ी की ताक़त से वे महलों को भी पराजित करते रहे।

ग़ुलाम भारत में जन्म लेकर उन्होंने एक तरफ़ अंग्रेज़ो के अत्याचार से लड़ाई लड़ी, वहीं सामन्त और ज़मींदारों के शोषण से भी उन्हें संघर्ष करना पड़ा। भारत की सामाजिक श्रेणी में निम्न वर्ग में जन्म लेने के कारण उनकी लड़ाई दोहरी थी। एक तरफ़ उन्हें सामाजिक-सांस्कृतिक विसंगतियों से लड़ना पड़ता था, तो दूसरी ओर आर्थिक और राजनीतिक मोर्चे पर। वे लड़ते रहे, हारते और जीतते रहे, जेल जाते रहे और मार भी खाते रहे। पर गांधीजी, नेहरू, विनोबा, जयप्रकाश और डॉ. लोहिया के मिशन का सिपाही बनकर अन्ततः देश को आज़ाद करा ही लिया। किन्तु आज़ादी के बाद भी वे निश्चिन्त नहीं बैठे। बल्कि अंग्रेज़ो से बड़ी लड़ाई उन्हें आज़ाद भारत में लड़नी पड़ी। यहाँ भी उन्हें दोनों मोर्चों पर लड़ना पड़ा—सामाजिक-सांस्कृतिक और आर्थिक-राजनीतिक। आज़ाद भारत की तानाशाही और सामन्तवादी प्रवृत्तियाँ उन्हें ग़ुलाम भारत से ज़्यादा अखरती थीं। इसकी चोट ज़्यादा गहरी थी। वे सोचते अंग्रेज़ तो विदेशी थे, पर आज़ाद भारत में सभी अपने हैं, देशी हैं। फिर इतना भेदभाव क्यों है? ग़रीबों पर अत्याचार, किसान-मज़दूरों का शोषण और तानाशाही क्यों है? एक तरफ़ ज़मींदारों के पास हज़ारों एकड़ ज़मीन और महल हैं और दूसरी ओर ग़रीब वंचितों के पास झोंपड़ी तक नहीं। ग़रीबों में धन और धरती का बँटवारा क्यों नहीं होता? हिन्दू-मुसलमान, ब्राह्मण-शूद्र, औरत-मर्द में इतना भेदभाव क्यों है? आज़ाद भारत में तो अब हम भेदभाव को मिटा सकते हैं। ग़रीबों को

ज़र-ज़मीन, रोज़ी-रोटी और शिक्षा तो हम दे सकते हैं। सरकार इसके लिए ईमानदारी से काम क्यों नहीं करती?

आज़ादी की लड़ाई इन्हीं मुद्दों पर लड़ी गयी थी। ज़मींदारी-प्रथा, ज़मीन का बँटवारा, सामाजिक-आर्थिक समानता, स्वतन्त्रता और भाईचारा आज़ादी के मुख्य मुद्दे थे। किन्तु आज़ादी के बाद 'सर्वोदय, अन्त्योदय, ग़रीबी हटाओ, पंचायती राज, नर-नारी समानता, विशेष अवसर और आरक्षण' आदि योजना, नारे और वादों के बाद भी ज़मीन पर काम नहीं हो रहे थे। योजनाओं में लूट-खसोट मची थी। पिछड़ों को उनका हक़ नहीं मिल रहा था। कर्पूरी ठाकुर ने इन तमाम मुद्दों और वादों को ठीक से लागू करने की लड़ाई लड़ी और कुछ हद तक सफल भी हुए। बिहार में जब उनकी सरकार बनी, तो बहुत हद तक उन्होंने इन समस्याओं को दूर करने की कोशिश की। उन्होंने देश में पहली बार बिहार में पिछड़ों को शिक्षा और नौकरी में आरक्षण दिया। उनकी सरकार आती-जाती रही, पर उन्होंने अपने सिद्धान्त से समझौता नहीं किया। वे गांधी, अम्बेडकर, पेरियार, जयप्रकाश और लोहिया की तरह अडिग रहे। वे ज़ात-पात, छुआछूत, तिलक-दहेज, बाल विवाह, नशाखोरी, धार्मिक और सामाजिक अन्धविश्वास आदि के घोर विरोधी थे। उन्होंने अपनी सरकार में इन पर प्रतिबन्ध लगाने की पूरी कोशिश की। नशाबन्दी की, तिलक-दहेज पर क़ानून बनाया और अन्तरजातीय विवाह करनेवाले जोड़ों को नौकरी और इनाम देने की घोषणा की। उन्होंने इसे सबसे पहले अपने जीवन में उतारा। अपने किसी बेटे की शादी में दहेज नहीं लिया और न अपनी बेटी की शादी में भी दहेज दिया। एक अथक यात्री की तरह कर्पूरी जी जीवन-भर चलते रहे, संघर्ष करते रहे। उन्होंने न अपनी कोई नियमित डायरी लिखी, न आत्मकथा। आज़ाद भारत के निर्माण और विकास में कर्पूरी जी के इतने बड़े योगदान के बावजूद उनके व्यक्तित्व और कृतित्व को जानने का कोई प्रामाणिक दस्तावेज़ उपलब्ध नहीं है। उनके मरने के बाद कई संस्मरण, कुछ पत्रिकाएँ और अभिनन्दन और स्मृतिग्रन्थ आदि छपे। पर उनकी कोई प्रामाणिक जीवनी नहीं है। यह पुस्तक इसी दिशा में एक लघु प्रयास है। इसमें दिये गये तथ्य और विवरणों को विभिन्न स्रोतों से प्रमाणित करने की कोशिश की गयी है। आशा है पाठकों को पसन्द आये।

आभार

कर्पूरी जी पर पुस्तक लिखने की प्रेरणा मुझे अपने और उनके परिजनों और सगे-सम्बन्धियों और मित्रों से मिली। लेकिन सबसे बड़ी प्रेरणा और प्रोत्साहन 'वाणी प्रकाशन समूह' के प्रबन्ध निदेशक आदरणीय अरुण माहेश्वरी जी से मिली, जब उन्होंने इसे छापने का आश्वासन दिया। मैं महीनों इस कार्य में लगा रहा। पुस्तक में वर्णित तथ्यों, घटनाओं और सन्दर्भों के लिए प्रत्यक्ष-अप्रत्यक्ष रूप से **कर्पूरी जी के** बड़े पुत्र और राज्यसभा सांसद श्री रामनाथ ठाकुर, उनके छोटे पुत्र डॉ. वीरेन्द्र ठाकुर, पुत्रवधू कनकलता ठाकुर, कनकलता के बड़े भाई श्री सुरेश कुमार, मेरे समधी श्री रामबाबू ठाकुर, कर्पूरी जी के सहयोगी पूर्व मन्त्री श्री रामचन्द्र पूर्वे, मँगनी लाल मण्डल, सुरेश गुप्ता, प्रो. विजय कुमार जायसवाल आदि लोगों ने सहयोग किया। कर्पूरी जी के छोटे पुत्र डॉ. वीरेन्द्र के साले श्री सुरेश कुमार ने कर्पूरी जी से सम्बन्धित अनेक संस्मरण सुनाये। मेरे तीनों पुत्र राजीव, दीपक और नीरज ने टंकण, संशोधन में सहयोग और यथोचित सुझाव देकर पुस्तक को पूरा करने में मदद की। पुत्रवधु पिंकी, मेनका बेटी आशा, गिरीश, दामाद आनन्द किशोर केवल कुमार और वृजमोहन ठाकुर ने भी भरपूर-प्रोत्साहन और सहयोग दिया। मैं इन तमाम लोगों को धन्यवाद देता हूँ और आभार व्यक्त करता हूँ।

मैं अपने सभी शुभचिन्तकों, मित्रों और पाठकों को भी धन्यवाद और साधुवाद देता हूँ, जिन्हें मेरी रचनाओं की उत्सुकता रहती है। सुधी पाठक और मित्रों से अनुरोध है कि वे पुस्तक की त्रुटियों और सीमाओं से मुझे अवगत कराते रहेंगे।

इति!

दिनांक: 10 मई 2024

हरिनारायण ठाकुर
'विमर्श वाटिका',
नागेन्द्र नगर, लेन नं. 01, बेला रोड, मिठनपुरा,
पो. रमना, मुज़फ़्फ़रपुर-842002, बिहार
मो. 9472436229 / 8340547371

कर्पूरी ठाकुर

"जो सरकार बराबरी का समाज नहीं बना सकती, जो सरकार घर-घर में ख़ुशहाली और हर चेहरे पर लाली नहीं दे सकती, उस सरकार को गद्दी पर बने रहने का कोई अधिकार नहीं है।"

–(कर्पूरी ठाकुर, 09 फ़रवरी, 1988, अन्तिम भाषण का अंश)

भारत की आज़ादी, उसके नवनिर्माण, सामाजिक-सांस्कृतिक और राजनीतिक चेतना के विकास में जिन महापुरुषों ने अग्रणी भूमिका निभायी, उनमें जननायक कर्पूरी ठाकुर का नाम अगली पंक्ति में लिया जाता है। वे ख़ुद भी ग़रीब और शोषित-पीड़ित थे। इसीलिए वे जीवन-भर समाज के सबसे पिछली पंक्ति में बैठे ग़रीब-गुरबों और शोषित-पीड़ितों को उनका हक़ दिलाने के लिए लड़ते रहे। उन्होंने भारतीय समाज में सबके लिए, ख़ासकर हाशिये के समाज के लिए सामाजिक, आर्थिक और राजनीतिक न्याय को आवश्यक माना और इसके लिए आजीवन संघर्ष किया। उन्होंने ग़ुलाम भारत में जहाँ देश की आज़ादी के लिए संघर्ष किया, वहीं आज़ाद भारत में संविधान के अनुरूप सबको सम्मान और अधिकार दिलाने की लड़ाइयाँ लड़ीं। उन्होंने जनता के हक़-हक़ूक और अधिकार के लिए राजनीति और राजसत्ता पर काबिज़ होना आवश्यक माना। उनकी समाजसेवा और संघर्ष के कारण जनता ने उन्हें बार-बार चुनकर विधानसभा और लोकसभा में भेजा, जहाँ उन्होंने जनता के सच्चे जनप्रतिनिधि बनकर जीवन-भर

काम किया। उनके संघर्ष और जुझारूपन को देखते हुए जनता ने उन्हें 'जननायक' की उपाधि दी।

आज़ाद भारत में प्रथम आम चुनाव से लेकर जीवनपर्यन्त वे बिहार विधानसभा के सदस्य बने रहे। एक बार वे लोकसभा के सदस्य बने, एक बार बिहार के उप-मुख्यमन्त्री और शिक्षामन्त्री तथा दो बार बिहार के मुख्यमन्त्री बने। वे जयप्रकाश नारायण, आचार्य नरेन्द्रदेव, मीनू मसानी, डॉ. राममनोहर लोहिया, यूसुफ मेहर अली, अच्युत पटवर्धन, अशोक मेहता आदि नेताओं की तरह सच्चे समाजवादी थे और उनके साथ मिलकर काम कर चुके थे। उन्होंने 1974 के जयप्रकाश आन्दोलन और उसके बाद देश में बनी पहली समाजवादी सरकार बनाने में महती भूमिका निभायी थी। एक तरफ़ वे गांधी के सत्य, अहिंसा और सत्याग्रह के कट्टर समर्थक थे, तो दूसरी ओर उन्हें अम्बेडकरवाद में भी विश्वास था। उनकी समाजसेवा और देश के नवनिर्माण और विकास में महत्त्वपूर्ण योगदान के लिए भारत सरकार ने मरणोपरान्त अभी हाल ही में उन्हें 2024 के लिए देश के सर्वोच्च सम्मान 'भारत रत्न' से सम्मानित किया है।

कर्पूरी जी अपनी सेवा, त्याग, बलिदान और संघर्ष के कारण अपने जीवन काल में ही 'लिजेण्ड' बन चुके थे— मिथक और किंवदन्ती। बिहार की कृतज्ञ जनता और संस्थाओं ने उनके नाम पर संस्थाएँ स्थापित करनी चाही, किन्तु उन्होंने अपने जीते-जी ऐसा होने नहीं दिया। उन्होंने उन संस्थाओं को जयप्रकाश नारायण, चौधरी चरण सिंह आदि समर्पित समाजवादियों के नाम कर दिया। कर्पूरी जी के नाम पर कुछ स्कूल कॉलेज, स्मृति-भवन और अस्पताल आदि उनके मरने के बाद ही खुले, अब भी खुल रहे हैं।

जन्म, शिक्षा-दीक्षा और परिवार

कर्पूरी जी का जन्म बिहार के समस्तीपुर ज़िले के पितौंझिया गाँव (अब कर्पूरीग्राम) के एक ग़रीब नाई परिवार में हुआ था। प्रमाण-पत्रों के आधार पर उनकी जन्म-तिथि 24 जनवरी 1924 है। किन्तु ख़ुद कर्पूरी जी ही उस तिथि को अपना असली जन्म-दिवस नहीं मानते थे। दलित और पिछड़े परिवारों में तो जन्म-कुण्डली की परम्परा आज भी नहीं है, उन दिनों कहाँ से आती? इसलिए उनके माता-पिता ने भी इसकी आवश्यकता नहीं समझी। अनुमान के आधार पर वे अपना जन्मकाल 1921 के आस-पास बताते थे। किन्तु उनकी स्कूल-पंजी में अंकित 24 जनवरी 1924 ही उनका असली जन्म-दिवस हो गया और इसी दिन पूरे देश में उनकी जयन्ती भी मनायी जाती है।

कर्पूरी जी का एक बड़ा और संयुक्त परिवार था, जिसकी आज कल्पना भी नहीं की जा सकती। उनके दादा का नाम प्यारे ठाकुर था, जिनके दो पुत्र हुए—ध्रुव ठाकुर और गोकुल ठाकुर। गोकुल ठाकुर की पत्नी का नाम रामदुलारी देवी था। कर्पूरी ठाकुर अपने दादा के इन्हीं द्वितीय और छोटे पुत्र गोकुल ठाकुर और उनकी पत्नी रामदुलारी देवी के प्रथम पुत्र थे। कर्पूरी जी से छोटे एक और भाई रामस्वार्थ ठाकुर और छह बहनें क्रमशः गाल्हो देवी, सिया देवी, राजो देवी, सीता देवी, पार्वती देवी और शैल देवी थीं। उनके चाचा और भाई की भी सन्तानें थीं। सभी लोग एक ही परिवार में साथ-साथ रहते थे। एक ही जगह खाना बनता था। उनके दादा, चाचा और

पिता गोकुल ठाकुर अपना पुश्तैनी पेशा नाईगीरी ही करते थे। कर्पूरी जी का बचपन गाय-बकरी चराने से शुरू हुआ। वे पिताजी के साथ दाढ़ी-बाल काटना भी सीखने लगे। फिर छुटपन से ही यजमानों के दाढ़ी-बाल काटने लगे। उन दिनों नाई-कहार जैसे पिछड़े परिवारों में पढ़ाई-लिखाई की कोई परम्परा नहीं थी। इसलिए कर्पूरी की शिक्षा के लिए पिताजी ने सोचा भी नहीं था। दलित-पिछड़े और आम ग़रीब लड़कों में भी कम ही लड़के स्कूल जाते थे। इसलिए स्कूली छात्र गुरुजी की हिदायत के अनुसार अपने-अपने गाँव के स्कूल न जानेवाले लड़कों को पकड़कर ले जाते थे। इस कार्य को छात्र तत्परता से करते। इसके पीछे उनका कोई मिशन नहीं होता था, बल्कि यह उनका बाल सुलभ कौतुक और मनोरंजन होता था। लड़कों को टाँगकर पाठशाला ले जाने में उन्हें बड़ा मज़ा आता था।

शुरू में कर्पूरी जी को भी टाँगकर ही स्कूल पहुँचाया गया। बालक कर्पूरी जब गाय चरा रहे थे, उनके बड़े साथी राम बुझावन सिंह, जो जीवन-भर उनके साथ रहे, दो-चार साथियों के साथ आये और उन्हें टाँगकर गाँव की पाठशाला में ले गये। और जब एक बार कर्पूरी जी स्कूल में दाख़िल हो गये, तो फिर उनका हाथ पकड़नेवाला कोई न था। वे स्कूल के सबसे तेज़ विद्यार्थी निकले। तुरत ही वे शिक्षक और छात्रों में लोकप्रिय हो गये। गाँव की ही पाठशाला से पाँचवीं पास करने के बाद वे ताजपुर के मिड्ल स्कूल में दाख़िल हुए। वहाँ से मिड्ल की परीक्षा पास करने के बाद उनका नामांकन 'न्यू एच.ई.स्कूल' समस्तीपुर में हो गया। हाई स्कूल में प्रथम झलक में ही वे शिक्षक और छात्रों की नज़र में आ गये। उनकी प्रतिभा को देखकर शिक्षकों ने उनका भविष्य भाँप लिया। तत्कालीन प्रधानाध्यापक हरिनन्दन प्रसाद ने कर्पूरी जी की प्रतिभा, ग़रीबी, सेवा-भावना, विनयशीलता और शालीनता से प्रभावित होकर उन्हें पूर्ण नि:शुल्क छात्र घोषित कर दिया तथा उनके लिए स्कूल छात्रावास में ही रहने की व्यवस्था कर दी। छात्रावास में रहते हुए उन्हें जीवन का एक नया अनुभव प्राप्त हुआ। वे पढ़ाई-लिखाई के अतिरिक्त स्कूल के वाद-विवाद, नाटक, समाजसेवा और गोष्ठी-संगोष्ठियों के कार्यक्रमों में खुलकर भाग लेने लगे। उनकी हिन्दी बहुत अच्छी थी। स्कूली जीवन में ही वे हिन्दी में बहुत अच्छा भाषण करते थे। इसलिए हिन्दी शिक्षक श्री सच्चिदानन्द 'नन्द' उन्हें सबसे

अधिक मानने लगे। वे उन्हें सदा प्रोत्साहित करते और उनकी मदद करते। उनमें ग़ज़ब की वाक्पटुता थी। वे स्कूल में छात्रों की छोटी-से-छोटी समस्या पर भी चिन्तित हो जाते थे और फ़ौरन हेडमास्टर से मिलकर उसे दूर करवा देते थे। वे अपने स्कूल के छात्रों के नेता तो थे ही, बाद में वे प्रखण्ड और अनुमण्डल स्तर पर भी छात्र-नेता बन गये।

कुछ बड़े होने पर बचपन में ही उनकी शादी हो गयी, जैसा कि उन दिनों छोटी जाति के लोगों में होता था। उनकी पत्नी का नाम फुलेश्वरी देवी था। लेकिन उनके इस संकल्प के अनुसार कि 'ग़ुलाम भारत में ग़ुलाम सन्तान पैदा नहीं करूँगा', उनके सारे बच्चों का जन्म आज़ादी के बाद ही हुआ। उनके दो लड़के और एक लड़की हुई। बड़े लड़के का नाम रामनाथ ठाकुर है, जो कई बार विधायक, मन्त्री और सांसद बने। इन पंक्तियों के लिखे जाने तक वे आज भी राज्यसभा सांसद हैं। उनकी पत्नी आशा ठाकुर एक पढ़ी-लिखी महिला हैं। उनके कोई पुत्र नहीं हुए। तीन पुत्रियाँ ही हुईं–नमिता, स्नेहा और अमृता। आज सभी शादी-शुदा और बाल-बच्चेदार हैं। कर्पूरी जी के छोटे लड़के डॉ. बीरेन्द्र ठाकुर हैं। वे पटना मेडिकल कॉलेज, अस्पताल के नामी डॉक्टर थे। अब अवकाश प्राप्त हैं। उनकी पत्नी का नाम कनकलता ठाकुर है। वे भी एक सुशिक्षित महिला हैं। उनकी दो सन्तानें हैं–एक बेटा और एक बेटी। दोनों शादी-शुदा और बाल-बच्चेदार हैं। बेटे का नाम अभिनव विकास है। वे 'इन्दिरा गांधी हृदय रोग संस्थान', पटना के प्रसिद्ध डॉक्टर हैं और बेटी जागृति भी एक सुशिक्षित गृहिणी हैं। कर्पूरी जी की सबसे छोटी सन्तान बेटी रेणु ठाकुर थीं, जो अब इस दुनिया में नहीं हैं। वे गम्भीर बीमारी का शिकार होकर असमय ही चल बसीं। उनके पति और कर्पूरी जी के दामाद डॉ. रमेश चन्द्र शर्मा भी पटना मेडिकल कॉलेज, अस्पताल के नामी डॉक्टर थे। अब उनका अपना क्लिनिक है। उनके दो पुत्र हैं–मनोज और मधुकर (कर्पूरी जी के नाती)। कर्पूरी जी तो जीते-जी अपने पुश्तैनी गाँव में भी घर नहीं बना सके; किन्तु उनके बाल-बच्चे अपनी मेहनत से पटने में ही स्थापित हैं।

कर्पूरी जी का समय और समाज

1920-21 से लेकर 1942 तक, जब कर्पूरी जी का जन्म और निर्माण हो रहा था, भारतीय इतिहास का सबसे क्रान्तिकारी काल था। यह ब्रिटिशकालीन ग़ुलाम भारत था, जिसमें सामन्ती व्यवस्था ज़ोरों पर थीं। किसान, मज़दूर और ग़रीबों का दोहरा शोषण हो रहा था। एक तरफ़ अंग्रेज़ लूटते थे, दूसरी तरफ़ सामन्त और ज़मींदार। शोषण के ख़िलाफ़ अनेक आन्दोलन चल रहे थे। यह वही समय था, जब एक ओर बिहार में 'सहजानन्द सरस्वती का किसान आन्दोलन' चल रहा था, तो दूसरी ओर देश में गांधीजी के नेतृत्व में 'राष्ट्रीय मुक्ति संग्राम' भी उबाल पर था। 'जलियांवाला बाग़' गोली और हत्याकाण्ड के विरोध में पूरे देश में विरोध प्रदर्शन, गांधीजी का असहयोग आन्दोलन, चौरा-चौरी काण्ड, भगतसिंह, राजगुरु, सुखदेव आदि के आन्दोलन और फाँसी, गांधीजी का 'नमक सत्याग्रह' और 'भारत छोड़ो', सुभाषचन्द्र बोस के 'आज़ाद हिन्द फ़ौज' की स्थापना और आन्दोलन आदि सभी इसी काल में हुए थे।

एक तरफ़ देश में राजनीतिक उबाल था, तो दूसरी ओर सामाजिक भेदभाव और शोषण। प्राचीन शूद्र और अछूत कही जानेवाली जातियों की स्थिति बड़ी दयनीय थी। उनके साथ अमानवीय भेदभाव और पशुवत व्यवहार होता था। गांधी और अम्बेडकर के नेतृत्व में अछूतों को समाज की मुख्यधारा में शामिल करने के लिए 'अस्पृश्यता निवारण', मन्दिर-प्रवेश', 'पानी भरो' आदि आन्दोलन भी चल रहे थे। कांग्रेस ने

'पूना-समझौता' (1932) के बाद अछूतोद्धार का बीड़ा उठा लिया था। भले ही इन आन्दोलनों को कोई व्यावहारिक सफलता नहीं मिल रही हो, किन्तु इससे देश में दलित और स्त्रियों के पक्ष में एक वातावरण बन गया था। उनकी स्थिति में सुधार के लिए सभी एकमत थे। इसलिए विभिन्न मंचों से ऐसे सवाल उठाये जा रहे थे। अख़बारों में देश की इन सभी राष्ट्रीय-प्रान्तीय घटना, स्थिति और आन्दोलनों की ख़बरें छपती रहती थीं। छात्र कर्पूरी कभी स्कूल में, तो कभी स्कूल से लौटते हुए एक शिक्षक के घर पर नियमित रूप से अख़बार पढ़ते थे। बालक कर्पूरी पर इसका ज़बर्दस्त प्रभाव पड़ा।

कर्पूरी जी के बाल मन पर जहाँ देश की ग़ुलामी और अंग्रेज़ो के अत्याचार का व्यापक असर पड़ा, वहीं समाज में व्याप्त ग़रीबी, अशिक्षा, बेरोज़गारी, छुआछूत, ऊँच-नीच, लूट-खसोट, भ्रष्टाचार आदि का गहरा असर भी हुआ। एक छात्र नेता के रूप में उनके अवचेतन में इन समस्याओं से निजात पाने का ख़ाका बनने लगा। स्त्री और दलित-पिछड़ों की हीन स्थिति को देख-सुनकर किशोर कर्पूरी का मन असन्तोष और विद्रोह से भर गया। उनके समतामूलक संवेदनशील मन में उस समय बड़ी पीड़ा होती, जब किसी दलित-पिछड़े को गाँव के पण्डित और सवर्ण लोग पूजा-अर्चना से रोक देते थे, मन्दिरों में उनके प्रवेश की मनाही होती, किसी दलित और अछूत को कुएँ से पानी नहीं भरने दिया जाता, उन्हें सुदूर नदी या तालाब से पानी लाना पड़ता था। समाज में विधवा और कमज़ोर वर्ग की स्त्रियों की स्थिति भी बड़ी दयनीय थी। इन असमानता और भेदभावों को देखकर उनका मन दुख से भर जाता था। कोई ज़मींदार जब दरवाज़े पर बुलाकर किसी मज़दूर को पीटते, तो उनका मन विद्रोह कर उठता था। किन्तु वे मन मसोसकर रह जाते थे।

बालक कर्पूरी बराबर सोचते रहते थे कि देश विदेशी अंग्रेज़ और देशी ज़मींदारों के शोषण से मुक्त कब होगा? देश में दलित-पिछड़े और वंचित लोगों की ऐसी हालत क्यों है? उनका मन इन स्थियों के प्रति हमेशा विद्रोह करता रहता। देश के इन वंचितों को आख़िर कब तक न्याय मिलेगा? कब उन्हें इज़्ज़त भरी ज़िन्दगी जीने को मिलेगी? समाज में आदमी आदमी से घृणा क्यों करता है? इन बातों की चर्चा वे अपने साथियों के बीच करते

और जब भी मौक़ा मिलता, सार्वजनिक मंचों से वे इन समस्याओं को रखते। उनके मन में सामाजिक परिवर्तन के जो बीज पड़े, उसे आख़िर उन्होंने साकार करके दिखा ही दिया, जब कालान्तर में वे बिहार के मुख्यमन्त्री बने। ग़रीबों को शिक्षा, रोज़गार से जोड़ा, तो भूमिहीनों के लिए भूमि की व्यवस्था की। आत्मरक्षा के लिए ग़रीबों को मुफ़्त में बन्दूकें देने का प्रस्ताव भी दिया।

छात्र नेता के रूप में कर्पूरी ठाकुर

छात्रावास और स्कूल में कर्पूरी जी एक आदर्श छात्र के रूप में उभरे। उन्होंने छात्रों की एक मण्डली बनायी, जिसमें उनके साथी राम बुझावन सिंह के अलावा दुलार प्रसाद सिंह जैसे लोग प्रमुख थे। हाई स्कूल में ही कर्पूरी जी में राजनीति की नींव पड़ी। किन्तु नेता कोई यूँ ही नहीं बन जाता। उसके पीछे परिस्थितियाँ काम करती हैं, जीवन-मूल्य और संवेदनाएँ काम करती हैं। फिर नेता सभी नहीं बनते। जो जीवन के प्रति जितना ही ज़िम्मेवार और संवेदनशील होता है, वह उतना ही बड़ा नेता, कवि या कलाकर बनता है। समय और समाज उत्प्रेरक बनकर ऐसे लोगों को आगे आने में मदद करते हैं। कर्पूरी जी में बचपन से ही मूल्यों और सामाजिक सरोकारों के प्रति संवेदनशीलता थी। प्रतिकूल परिस्थितियों ने उन्हें बचपन में ही नेता बना दिया। हाई स्कूल में वे छात्रों के सर्वमान्य नेता बन गये। जल्द ही वे कम्युनिस्ट विचारधारा से प्रभावित छात्र संगठन 'स्टूडेंट फेडरेशन' के अनुमण्डलीय मन्त्री बन गये। कर्पूरी जी का छात्र जीवन अत्यन्त संघर्षपूर्ण और कष्टमय था। अभावों का जीवन जीते हुए उन्हें वैचारिक संघर्ष भी करना पड़ता था।

1938 में समस्तीपुर में उस समय के प्रसिद्ध नेता और स्वतन्त्रता सेनानी पं. रामानन्द मिश्र ने छात्रों की एक विशाल सभा की। इस सभा में छात्र प्रतिनिधि के रूप में कर्पूरी जी ने जब सभा को सम्बोधित किया, तो लोग दंग रह गये। रामानन्द मिश्र मुँह ताक़ते रह गये। मिश्र जी ने बालक

कर्पूरी को गले से लगा लिया। बित्ते-भर के इस छोकरे ने बड़े-बड़ों के कान काट लिये थे। उस समय कर्पूरी जी नौवीं कक्षा में ही पढ़ रहे थे। छात्र नेता के रूप में उनकी ख्याति दूर-दूर तक फैल गयी। छात्रसंघ के अनुमण्डल मन्त्री की हैसियत से समस्तीपुर के अपने 'न्यू एच. ई. हाई स्कूल' के प्रांगण में उन्होंने छात्रों की एक विशाल सभा में भाषण दिया। भाषण इतना क्रान्तिकारी था कि छात्रों में क्रान्ति की आग भड़क उठी। यह उनके छात्र जीवन का सर्वाधिक क्रान्तिकारी और ऐतिहासिक भाषण था, जिसमें उन्होंने कहा था कि 'हमारे देश की आबादी इतनी अधिक है कि केवल थूक फेंक देने से अंग्रेज़ी राज बह जायेगा।'

इस क्रान्तिकारी, किन्तु आपत्तिजनक भाषण पर अंग्रेज़ी सरकार ने संज्ञान ले लिया। उन पर गिरफ़्तारी का वारंट जारी हुआ। कर्पूरी जी समस्तीपुर के एस.डी.ओ. कोर्ट में हाज़िर हुए। चूँकि वे अभी छात्र ही थे, वह भी नवम् वर्ग के नाबालिग छात्र, इसलिए सरकारी कोर्ट ने उन्हें एक दिन की जेल और 50 रुपये जुर्माने की सज़ा सुनायी। साथियों ने चन्दा करके जुर्माने की रक़म भर दी। पर छात्र कर्पूरी को जेल जाना पड़ा। यह कर्पूरी जी के जीवन की पहली जेलयात्रा थी। बाद में कर्पूरी जी का यह वाक्य आज़ादी की लड़ाई का सूत्र वाक्य बन गया। भावी जननायक का निर्माण हो रहा था। जेलयात्रा, तत्कालीन समय और समाज की पुकार और सामाजिक-राजनीतिक गतिविधियों ने मिलकर भावी भारत के निर्माण और विकास की दिशा तय कर दी, जिसमें छात्र कर्पूरी की भूमिका एक राष्ट्रीय युवा नायक के रूप में उभरने लगी।

1938 की ही एक दूसरी घटना है। दिसम्बर माह की 3 और 4 तारीख़ को पास के गाँव ओइनी में समाजवादियों का प्रान्तीय किसान सम्मेलन हो रहा था, जिसमें आचार्य नरेन्द्रदेव, राहुल सांकृत्यायन, जयप्रकाश नारायण और रामवृक्ष बेनीपुरी जैसे दिग्गज नेता और बुद्धिजीवी आनेवाले थे। जाड़े की इस ठण्डक में भी किशोर कर्पूरी बिना किसी गर्म कपड़े और कम्बल के नेताओं को देखने-सुनने चल पड़े। वहाँ दो दिनों तक रहक़र कर्पूरी जी ने उन दिग्गज नेताओं को क़रीब से देखा और सुना। उनसे प्रभावित हुए और 'स्टूडेंट फेडरेशन' के अनुमण्डलीय मन्त्री के रूप में अपना परिचय देकर उनसे मिले। छात्र नेता कर्पूरी का नाम उन लोगों ने सुन रखा था।

प्रतिभाशाली छात्र नेता को सामने देखकर उन्हें ख़ुशी हुई। सम्पर्क बढ़ा और कर्पूरी जी उनके अनुयायी बन गये। किन्तु अगले ही वर्ष एक ऐसी घटना घटी, जिसने छात्र कर्पूरी के किशोर मन को कम्युनिस्ट विचारधारा से विमुख कर दिया।

द्वितीय विश्वयुद्ध का ज़माना था। सितम्बर, 1939 में ब्रिटिश सरकार ने बिना भारतीय जनता और अन्तरिम प्रतिनिधि सरकार से पूछे भारत को जर्मनी के विरुद्ध युद्ध के मैदान में उतार दिया। उस समय देश के ग्यारह प्रान्तों में से सात में कांग्रेस की सरकारें थीं। इस निर्णय के विरोध में सभी सातों प्रान्तों की कांग्रेस सरकार ने इस्तीफ़ा दे दिया। किन्तु कम्युनिस्टों ने ब्रिटिश सरकार के निर्णय का समर्थन किया, क्योंकि रूस ब्रिटेन के साथ था। इससे कर्पूरी जी का मन खिन्न हो गया। उन्होंने कम्युनिस्ट छात्र संगठन 'स्टूडेंट फेडरेशन' के मन्त्री पद से इस्तीफ़ा दे दिया। वे कांग्रेस के 'चौवन्निया सदस्य' बन गये। उनके इस निर्णय से छात्रों में एक नयी चेतना जगी। उन्होंने विश्वयुद्ध के विरोध में स्कूल-कॉलेज के छात्रों को आगे आने का आह्वान किया। उनकी पुकार पर झुण्ड के झुण्ड छात्र युद्ध के विरोध में सड़कों पर उतर आये। हज़ारों छात्रों के बीच कर्पूरी जी अकेले भाषण देते रहे। उनके विचार में समय और समाज की पुकार थी। इसलिए समस्तीपुर ज़िले में कर्पूरी जी के नेतृत्व में व्यापक छात्र आन्दोलन शुरू हो गया। अब कर्पूरी एक मजे हुए छात्र नेता के रूप में निखर उठे।

इन्हीं गतिविधियों के बीच 1940 में उन्होंने मैट्रिक की परीक्षा दी। समाजसेवा और राजनीतिक गतिविधियों के कारण प्रतिभावान छात्र कर्पूरी का रिजल्ट अच्छा नहीं हो सका। हमेशा प्रथम श्रेणी में पास करनेवाले कर्पूरी जी को मैट्रिक में द्वितीय श्रेणी ही मिली। पर उस ज़माने में यह भी कम नहीं था। आगे की पढ़ाई के लिए उन्होंने दरभंगा के 'सी.एम. कॉलेज' में नामांकन कराया। यहाँ भी कर्पूरी जी एक ओजस्वी छात्रनेता के रूप में उभरे। उनकी हिन्दी और अंग्रेज़ी दोनों अच्छी थीं। बोलने और लिखने में उनसे कोई भाषागत त्रुटि नहीं होती थी। स्कूल जीवन से ही वे लेखन और भाषण प्रतियोगिता में प्रथम आते थे। हाई स्कूल, समस्तीपुर और सी.एम. कॉलेज, दरभंगा के दिनों में ही कर्पूरी जी ओजस्वी छात्रनेता के रूप में स्थापित हो गये। कॉलेज में आकर वे अब स्थानीय समस्याओं के

अलावा देश की हालत पर भी विचार करने लगे। राष्ट्रीय समस्याएँ मुँह बाये खड़ी थीं। एक तरफ़ देश की आज़ादी थी, तो दूसरी ओर विश्वयुद्ध की चुनौतियाँ। उन्होंने देश की आज़ादी को ही प्राथमिकता दी और उसी कार्य में जी-जान से लग गये। वे गांधीवादी सिपाही बने रहे।

उन दिनों पूरे बिहार ख़ासकर दरभंगा और समस्तीपुर आदि क्षेत्रों में रामधारी सिंह 'दिनकर', गोपाल सिंह नेपाली, आरसी प्रसाद सिंह, कलक्टर सिंह केसरी, शिवपूजन सहाय आदि कवि-साहित्यकारों की राष्ट्रीय रचनाएँ चर्चित होने लगी थीं। मंचों से उनके काव्यपाठ और देशभक्ति के भाषण होते थे। दरभंगा के लहेरियासराय का 'पुस्तक भण्डार' इसका केन्द्र था। छात्र कर्पूरी ऐसे आयोजनों में शामिल होने लगे। उन पर देशभक्ति और राष्ट्रप्रेम का जुनून सवार हो गया। छात्र जीवन के साहित्य-प्रेम ने उन्हें हिन्दी के कवि-साहित्यकारों का भी प्रेमी बना दिया। जब वे मन्त्री और मुख्यमन्त्री बने, तो अनेक कवि-साहित्यकारों की मदद की–उनके लिए पुरस्कार और सम्मान की व्यवस्था की। प्रसिद्ध कवि आचार्य जानकी वल्लभ शास्त्री का जब पैर टूटा, तो उन्होंने उन्हें अपने डेरे में रखकर उनका इलाज करवाया। सी. एम. कॉलेज में ही पढ़ते हुए उनका सम्पर्क अन्य देशभक्त छात्र नेताओं से हुआ। ऐसे लोगों में राष्ट्रीय आन्दोलन में सक्रिय छात्र ललित नारायण मिश्र, लोकेशनाथ झा, रामसेवक ठाकुर, भोगेन्द्र झा, कन्हैया प्रसाद वर्मा (बाद में महाधिवक्ता), कामता प्रसाद गुप्त, एल.एन. झा आदि लोग थे, जो बाद में कांग्रेस के नेता और मन्त्री बने। वे सभी सी.एम. कॉलेज, दरभंगा में ही पढ़ रहे थे। जब कर्पूरी ठाकुर भी उस कॉलेज में इण्टर कला के छात्र बनकर आये, तो वे उन्हें पाकर बड़े ख़ुश हुए। उन्हें एक ओजस्वी वक्ता और छात्र नेता मिल गया था। अपनी तीक्ष्ण बुद्धि, सक्रिय भागीदारी, तर्कशक्ति, आत्मीयता एवं सादगी के कारण कर्पूरी जी सबके प्रिय हो गये। सबने कर्पूरी जी को ही अपना नेता मान लिया। कर्पूरी जी भी अपनी पढ़ाई के अतिरिक्त देश की आज़ादी के लिए चिन्तित रहने लगे। वे छात्र नेता के रूप में दरभंगा और समस्तीपुर क्षेत्र में समाजसेवा भी करने लगे। जहाँ कहीं भी कोई सामाजिक समस्या होती, कांग्रेस और कम्युनिस्ट नेताओं के साथ कर्पूरी जी भी वहाँ पहुँच जाते।

भारत छोड़ो आन्दोलन और कर्पूरी ठाकुर

होते-होते देश की आज़ादी का सबसे क्रान्तिकारी वर्ष 1942 भी आ गया। कर्पूरी जी ने इस वर्ष इण्टरमीडियट की परीक्षा दी और अच्छी श्रेणी में पास कर गये। उन्होंने बी.ए. में नाम लिखवाया। इसी बीच अगस्त 1942 में गांधीजी और कांग्रेस के आह्वान पर देश में 'भारत छोड़ो' आन्दोलन शुरू हो गया। इस आन्दोलन की घोषणा 9 अगस्त 1942 को हुई थी। इसीलिए इसे 'अगस्त क्रान्ति' भी कहते हैं। इसमें दो क्रान्तिकारी नारे दिये गये थे। देशवासियों के लिए 'करो या मरो' और अंग्रेज़ो के लिए 'भारत छोड़ो'। देश में क्रान्ति का बिगुल बज उठा। अंग्रेज़ो के विरुद्ध हिंसक आन्दोलन भड़क उठा। छात्र-नौजवान स्कूल-कॉलेज छोड़कर आन्दोलन में शामिल होने लगे। गांधी, नेहरू, पटेल सहित अनेक नेता गिरफ़्तार हो गये। लेकिन कर्पूरी जी ने उनकी गिरफ़्तारी से पहले और आन्दोलन का आह्वान होते ही अपना आन्दोलन छेड़ दिया। कर्पूरी जी के आह्वान पर दरभंगा के सभी छात्र 'भारत छोड़ो' आन्दोलन में कूद पड़े। दरभंगा में कम्युनिस्ट और कांग्रेस दोनों गुटों के अलग-अलग छात्र संगठन थे। कर्पूरी जी में अद्भुत संगठन क्षमता और नेतृत्व की सूझ-बूझ थी। वे दोनों छात्र संगठनों के नेता रह चुके थे। उन्होंने सोचा जब उद्देश्य एक है, तो मंच अलग-अलग क्यों? वे दोनों गुटों को मिलाकर एक ही मंच पर ले आये। उधर नेताओं पर दमनात्मक कार्रवाई और गिरफ़्तारियाँ शुरू हुईं, इधर क्रान्तिकारी कर्पूरी ने' '42 के छात्र आन्दोलन की बाग़डोर सँभाल ली।

'अगस्त क्रान्ति' को कुचलने के लिए अंग्रेज़ी सरकार ने दमनात्मक कार्रवाई शुरू कर दी। अनेक स्थानों पर पुलिस की गोलियाँ चलीं। सरकार की दमनात्मक कार्रवाई के विरोध में कर्पूरी जी ने 10 अगस्त को दरभंगा में छात्रों का एक विशाल जुलूस निकाला, जो बिहार में 'अगस्त क्रान्ति' का सबसे बड़ा और ऐतिहासिक जुलूस था। इसकी तैयारी उन्होंने एक दिन पहले ही 9 अगस्त को कर ली थी। अपनी ही अध्यक्षता में उन्होंने छात्रों की एक विशाल सभा को सम्बोधित कर जुलूस के लिए जोश से भर दिया और अगले ही रोज़ दरभंगा के विभिन्न स्कूल-कॉलेजों के हज़ारों छात्र निर्धारित स्थान से जुलूस में चल पड़े। 'किंग्स पार्क' तक आते-आते जुलूस एक मील लम्बा हो गया। इस विशाल छात्र-बल को देखकर शहर की जनता और दूर-दराज के गाँवों से शहर आये लोग भी स्वत:स्फूर्त भाव से इसमें शामिल होते चले गये। ऐसा जन सैलाब उमड़ा कि जुलूस के ओर-छोर का पता ही नहीं चला। ब्रिटिश सरकार दंग रह गयी। 'ब्रिटिश हुकूमत मुर्दाबाद' और 'अंग्रेज़ो भारत छोड़ो' के नारों से आकाश गूँज उठा। भारी संख्या के बावजूद पुलिस-बल को हिम्मत नहीं हुई कि वे छात्रों पर एक डण्डा भी चलाये। पुलिस के साथ-साथ सरकार भी मूक़दर्शक बनी हुई थी, और मन-ही-मन इस नौजवान छात्र की संगठन क्षमता पर मुग्ध थी। और यह सब तब हुआ, जब छात्र कर्पूरी केवल 19 वर्ष के थे। अपनी बी.ए. की पढ़ाई छोड़कर कर्पूरी सम्पूर्ण रूप से राष्ट्रीय आन्दोलन में पिल पड़े।

अब वे सदा के लिए पढ़ाई छोड़ चुके थे। उनके शिक्षक रहे दरभंगा सी.एम. कॉलेज के प्रोफ़ेसर बी.एम.के. सिन्हा ने बताया था—"कर्पूरी बहुत मेधावी छात्र थे और क्लास में अगली क़तार में बैठते थे। उनसे मेरा बहुत लगाव था; क्योंकि वे झूठ नहीं बोलते थे और अपनी अज्ञानता को छिपाते नहीं थे। जब वे वर्ग से लगातार अनुपस्थित रहने लगे, तो मैं चिन्तित हो गया। कहीं अर्थाभाव में उसने कॉलेज तो नहीं छोड़ दिया?—लगभग छह महीने बाद लहेरियासराय स्टेशन पर मैंने उसे देखा। कुर्ता-पायजामा पहने, नंगे पाँव। मैंने पूछा—'कर्पूरी कॉलेज नहीं आ रहे हो, क्या बात है?' उसने कहा—'सर, मैं राजनीति में आ गया हूँ। गांधीजी के आन्दोलन में मैं भी भाग ले रहा हूँ। अब कॉलेज कभी नहीं आऊँगा।' मैं भावुक हो गया।

किन्तु उसके चेहरे की दृढ़ता देखकर आश्वस्त हो गया कि एक दिन यह ज़रूर बड़ा आदमी बनेगा।" (कर्पूरी ठाकुर और समाजवाद, ले. नरेन्द्र पाठक, पृष्ठ 49-50) पूरे देश में क्रान्ति की ज्वाला भड़क उठी थी। रेल की पटरियाँ, टेलीफ़ोन के खम्भे और डाक-तार, सरकारी भवन तोड़े और जलाये जा रहे थे। बिहार में भी ऐसी घटनाएँ तोड़-फोड़ और आगजनी ज़ोरों पर हुईं। दरभंगा और उसके आस-पास के क्षेत्रों में कर्पूरी जी ने भी अपने साथियों के साथ ऐसी घटनाओं में भाग लिया। उन दिनों लकड़ी के पुल बहुतायत में थे। "14 अगस्त को कुलानन्द वैदिक और कर्पूरी ठाकुर के नेतृत्व में सिंघवारा क्षेत्र में टेलीफ़ोन के तारों को काटकर संचार व्यवस्था ठप कर दी गयी। मुहम्मदपुर के लाढा गाँव में पुल को आग के हवाले कर दिया गया। दो दिनों तक पुल जलता रहा। रहिका रोड, तारसराय, मकरमपुर आदि जगहों पर पुलों में आग लगा दी गयी और रेल की पटरियों को उखाड़ दिया गया। प्रदर्शनकारियों ने रेल गोदाम को भी लूट लिया।" (कर्पूरी ठाकुर : जन से नायक तक, ले. डॉ. कुमार अमरेन्द्र, पृष्ठ 43) दो-तीन हफ़्ते तक यह आन्दोलन चला। फिर गोरी फ़ौज आ गयी। क्रान्तिकारियों के ख़िलाफ़ दमन-चक्र शुरू हुआ। हज़ारों लोग गिरफ़्तार हुए। क्रान्तिकारियों के घर तक चला दिये गये। कर्पूरी ठाकुर निकटवर्ती नेपाल में छुपकर किसी तरह बचते रहे। दो-तीन महीने बाद जब स्थिति सामान्य हुई, तो वे फिर से सक्रिय हो गये।

इन्हीं दिनों उनका सम्पर्क और गहरा परिचय जयप्रकाश नारायण, डॉ. राममनोहर लोहिया, रामनन्दन मिश्र, सूरज नारायण सिंह आदि समाजवादी नेताओं से हुआ। जयप्रकाश जी के साथ-साथ देश के बड़े-बड़े नेता 'भारत छोड़ो' आन्दोलन में गिरफ़्तार हो चुके थे। 5 नवम्बर 1942 को एक अनोखी घटना घटी। जयप्रकाश नारायण हज़ारीबाग़ जेल से भाग निकले। पूरे देश में सनसनी फैल गयी। 'रेड एलर्ट' घोषित कर दिया गया। '42 के क्रान्तिकारियों में जो जहाँ थे, वहीं छिप गये। कर्पूरी जी जयप्रकाश से मिलना चाहते थे। किन्तु वे भूमिगत हो चुके थे। कर्पूरी की उत्कण्ठा ऐसी प्रबल थी कि उन्होंने उनके गुप्त स्थानों का पता लगाना शुरू कर दिया। उनके गुप्त स्थान की ख़बर पाकर वे बनारस पहुँचे। किन्तु वहाँ पता चला

कि वे नेपाल के कोयलारी के जंगलों में चले गये हैं। साहसी कर्पूरी कब माननेवाले थे? उन्होंने वहीं से नेपाल का रास्ता पकड़ लिया। वहाँ पहुँचने पर बड़ी कठिनाई से उन्हें जयप्रकाश जी के दर्शन हुए। जे.पी. वहाँ सूरज नारायण सिंह और चित्त नारायण सिंह आदि नेताओं के साथ 'आज़ाद दस्ता' नामक क्रान्तिकारी संगठन चला रहे थे। कर्पूरी को उस संगठन का दायित्व सौंपकर जयप्रकाश ने उन्हें अपने क्षेत्र में वापस भेज दिया।

पारिवारिक दायित्व और देशभक्ति का द्वन्द्व

इधर छात्र कर्पूरी देश के 'मुक्ति-संग्राम' में लगे थे, उधर ग़रीबी और अभावों से जूझते परिवार का दायित्व उन्हें पुकार रहा था। शादी बचपन में ही हो चुकी थी, उस पर ग़ुलाम देश में बच्चा न पैदा करने का 'संकल्प'! परिवार ने उन पर दबाव बढ़ा दिया। सास ने अपनी बेटी (कर्पूरी जी की पत्नी) की दूसरी शादी करने तक की धमकी दे डाली। किन्तु उनकी पत्नी एक पतिव्रता नारी और सच्ची सहधर्मिणी थीं। उन्होंने दूसरी शादी से साफ़ इनकार कर दिया। ससुर (लड़की के पिता) ने भी बेटी के इस निर्णय में साथ दिया। उस गँवार किन्तु संवेदनशील महिला ने कर्पूरी जी के ब्रह्मचर्य व्रत और देशसेवा के प्रण में भरपूर सहयोग दिया। पिता की इच्छा थी कि बेटा अब पढ़-लिख गया है, नौकरी करे और परिवार का बोझ उठावे। परिवार, समाज सबकी निगाह सपूत कर्पूरी पर लगी थी। उस समय नौकरी मिलना आसान था। शिक्षकों ने भी कर्पूरी जी को समझाया। उनके इतिहास के प्रोफ़ेसर उनकी पारिवारिक स्थिति जानकर चिन्तित हो उठे और उनको घण्टों समझाया; बार-बार कहा। पर धुन के पक्के कर्पूरी ने माता-पिता, परिवार और शिक्षकों की एक न सुनी। उनका साफ़ मानना था कि जब देश के लाखों लोग ग़ुलाम हैं, हज़ारों परिवार भूखों मर रहे हैं, तो एक परिवार की परिवरिश से क्या होगा? देश और समाजसेवा ही सच्ची परिवार सेवा है। फिर भी उन्होंने देशसेवा करते हुए परिवार की भी सेवा करने की ठानी। इसके बाद कर्पूरी जी का सारा जीवन क्रान्ति और हुंकार का जीवन है।

अब कर्पूरी जी समस्तीपुर आकर गुप्त रूप से 'आज़ाद दस्ते' का संचालन करने लगे। किन्तु परिवार की आर्थिक आवश्यकता को देखते हुए उन्होंने अपने गाँव पितौंझिया के ही मिड्ल स्कूल में प्रधानाध्यापक की नौकरी कर ली। लेकिन मुख्य काम 'आज़ाद दस्ते' का गुप्त संचालन ही रहा। यहीं से वे 'दस्ते' की गतिविधि का संचालन करते थे। यह विद्यालय एक तरह से स्वतन्त्रता सेनानियों का कैम्प बन गया। उनके साथी नेता वहाँ आया-जाया करते थे। शाम को वे समस्तीपुर 'दस्ता कार्यालय' में चले जाते थे और रास्ते भर संगठन का कार्य करते जाते थे। स्कूल से वे 6 मील दूर समस्तीपुर पैदल ही जाते थे। कभी-कभी अपने सीनियर साथी रामबुझावन सिंह की साइकिल पर बैठकर। राम बुझावन सिंह को कर्पूरी ठाकुर का साइकिल चालक कहा जाता था। कर्पूरी ठाकुर साइकिल चलाना नहीं जानते थे। वे गाँव-गाँव घूमकर अंग्रेज़ी सरकार के विरुद्ध गुप्त पर्चा बाँटते थे। एक दिन पुलिस को इसकी भनक लग गयी और उन्हें 23 अक्टूबर 1943 को उनके साथियों के साथ गिरफ़्तार कर लिया गया। असल में हुआ यह था कि जेल में बन्द सोशलिस्ट नेता वशिष्ठ नारायण सिंह को पुलिस ने बेरहमी से पीटा था। वे किसी तरह जेल से भागकर कर्पूरी ठाकुर के पितौंझिया विद्यालय में आ गये थे। रात में स्कूल पर छापा पड़ा और वहाँ उपस्थित अपने सभी साथियों वशिष्ठ नारायण सिंह, सत्यनारायण आज़ाद, राम बुझावन सिंह आदि के साथ कर्पूरी जी गिरफ़्तार कर लिए गये। उनके पास से आपत्तिजनक पर्चे और काग़ज़ात मिले। उनकी टेबल के दराज से पुलिस को एक काग़ज़ मिला, जिसमें कर्पूरी जी के 12 सक्रिय साथियों के नाम लिखे थे। बाद में छापेमारी करके पुलिस ने उन्हें भी गिरफ़्तार कर लिया। उन्हें दरभंगा जेल में रखा गया। जेल की ख़राब व्यवस्था के विरोध में कर्पूरी जी ने वहाँ आन्दोलन कर दिया। क़ैदियों को न भर पेट भोजन दिया जाता था और न उनके साथ ठीक से व्यवहार किया जाता था। कर्पूरी जी ने इसके विरोध में क़ैदियों को संगठित कर वहाँ धरना-प्रदर्शन शुरू कर दिया। इससे घबड़ाकर जेल प्रशासन ने उनका तबादला भागलपुर कैम्प जेल में कर दिया। किन्तु वहाँ भी वही स्थिति थी। मजबूरन उन्हें वहाँ भी धरना-प्रदर्शन करना पड़ा। इससे काम न चला, तो उन्होंने आमरण अनशन शुरू कर दिया, जो 28 दिनों तक चला। कर्पूरी जी जब मरणासन्न हो गये,

तब जाकर अंग्रेज़ी सरकार की नींद टूटी। सरकार ने उनकी सारी माँगें मान लीं। कैम्प जेल से कर्पूरी ठाकुर को छोड़ दिया जाता, किन्तु उनके सत्याग्रह और प्रभावशाली नेतृत्व क्षमता के कारण अंग्रेज़ी सरकार ने उन्हें जेल में ही रखना उचित समझा। क्योंकि उसे शक था कि कर्पूरी जी जब बाहर निकलेंगे, तो अपने क्रान्तिकारी भाषण और नेतृत्व क्षमता से जनता में विद्रोह पैदा कर देंगे। इसीलिए कैम्प जेल में लगभग 13 महीने रहने के बाद उन्हें भागलपुर सेंट्रल जेल भेज दिया गया। वहाँ भी उन्होंने अपनी नेतृत्व क्षमता का परिचय दिया और प्रशासन पर दबाव डालकर क़ैदियों के लिए आवश्यक सुविधा बहाल करवायी। लगभग 26 महीने जेल में रहने के बाद वे 1945 में रिहा हुए।

समाजवादी नेता के रूप में कर्पूरी ठाकुर

भारत में समाजवाद 20वीं शताब्दी के आरम्भ में ब्रिटिश राज के ख़िलाफ़ भारतीय स्वतन्त्रता आन्दोलन के एक हिस्से के रूप में स्थापित हुआ था। 1920 के दशक में असहयोग आन्दोलन (1920-22) की सफलताओं के कारण राष्ट्रीय आन्दोलन में बड़ी संख्या में भारतीय जनता का प्रवेश हुआ। साथ ही राजनीतिक धाराओं के रूप में साम्यवाद और समाजवाद भी सामने आया। इन विविध राजनीतिक धाराओं की उत्पत्ति सत्य, अहिंसा और सत्याग्रह के गांधीवादी दर्शन के राष्ट्रीय राजनीतिक दृश्य पर आने के कारण हुई। भारतीय साम्यवाद की जड़ें राष्ट्रीय आन्दोलन के बीच से ही फूटी थीं। कुछ ऐसे क्रान्तिकारी थे, जिनका राष्ट्रीय आन्दोलन से मोह भंग हो चुका था। उनका मानना था कि महज़ राजनीतिक आज़ादी से आम जनता का जीवनस्तर सुधरने वाला नहीं है। परिवर्तन का संघर्ष उन तमाम शोषणकारी शक्तियों से निजात पाने के लिए होना चाहिए, जिनके चलते देश की अधिकांश जनता ग़ुलाम और ग़रीब है। वे एक समतामूलक वर्गविहीन समाज की स्थापना करना चाहते थे। यह एक राजनीतिक और सामाजिक आन्दोलन था, जो अब भी है। इसका विकास तेज़ी से हुआ और यह लोकप्रियता के शिखर तक पहुँच गया। आज़ादी के दौरान और बाद भी इसकी कई नीति और सिद्धान्तों को कांग्रेस ने माना और उसे संविधान में दर्ज किया। समाजवाद ने स्वतन्त्रता के बाद 1990 के दशक तक महत्त्वपूर्ण भूमिका निभायी। इसने स्वतन्त्रता के बाद भारत सरकार की

सैद्धान्तिक, आर्थिक और सामाजिक नीतियों को प्रभावित किया। आज भी भारतीय राजनीति पर इसका सकारात्मक प्रभाव बना हुआ है, जिसमें बड़ी संख्या में राष्ट्रीय और क्षेत्रीय राजनीतिक दल लोकतान्त्रिक समाजवाद का समर्थन करते हैं।

इस प्रकार भारत में समाजवाद गांधीवाद और बोल्शेविक रूसीवाद का मिलाजुला आन्दोलन है। भारत के प्रथम समाजवादी महात्मा गांधी थे। किन्तु उनका समाजवाद ग्रामीण व्यवस्था पर आधारित विशेष प्रकार का है। गांधी के समाजवाद पर सामाजिक-सांस्कृतिक रूप से हिन्दू, जैन, इस्लाम, ईसाई आदि सभी धर्मों और रस्किन, टॉल्सटाय और थोरो जैसे दार्शनिकों का प्रभाव है। वे औद्योगीकरण के विरोधी थे। जबकि समाजवाद औद्योगीकरण का समर्थन करता है। सामाजिक, आर्थिक और राजनीतिक स्वतन्त्रता और समानता स्थापित करना समाजवाद का मुख्य लक्ष्य है, जिसे गांधीजी सत्य, अहिंसा, प्रेम और सत्याग्रह द्वारा हृदय परिवर्तन करके प्राप्त करना चाहते हैं, हिसात्मक क्रान्ति द्वारा नहीं। समाजवादी भी बहुत हद तक गांधी के इस सिद्धान्त से सहमत हैं। इसीलिए समाजवादी गांधी को अपना आदर्श मानते हैं। विनोबा भावे और जयप्रकाश नारायण भी गांधी के इस सिद्धान्त के कट्टर समर्थक और प्रचारक थे।

वस्तुतः भारत में समाजवादी आन्दोलन रूस में बोल्शेविक क्रान्ति के बाद 1920 में गठित साम्यवादी दल के रूप में शुरू होता है। इसके आरम्भिक संस्थापक नेता और विचारक एम.एन. राय थे। किन्तु जल्द ही कांग्रेस ने इसकी कल्याणकारी नीति और सिद्धान्तों को अपना लिया और 1934 में 'कांग्रेस समाजवादी पार्टी' की स्थापना हुई। किन्तु पं. जवाहरलाल नेहरू, सुभाषचन्द्र बोस आदि नेता प्रथम विश्वयुद्ध के बाद से ही समाजवाद का प्रचार कर रहे थे। अनेक राष्ट्रभक्त समाजवाद की ओर आकर्षित हुए। इनमें जयप्रकाश नारायण, आचार्य नरेन्द्र देव, मीनू मसानी, जे.बी. कृपलानी, डॉ. राममनोहर लोहिया, समर गुहा, कमलादेवी चट्टोपाध्याय, सत्यवती, यूसुफ मेहर अली, अच्युत पटवर्धन और अशोक मेहता उल्लेखनीय हैं। इनका उद्देश्य कांग्रेसी मंच द्वारा समाजवादी ढंग से स्वराज्य प्राप्ति और उसके बाद समाजवाद की स्थापना था। इनके अलावा नयी-पुरानी पीढ़ी के समकालीन नेता पं. रामानन्द मिश्र, राज नारायण,

अरुणा आसफ़ अली, रवि राय, प्रेम भसीन, मधु लिमये, एच.बी. कामथ, मनि बाग़ड़ी, रामसेवक यादव, सूरज नारायण सिंह, किशन पटनायक, महेश देसाई, शाने गुरुजी, योगेन्द्र शुक्ल, रामवृक्ष बेनीपुरी, रामनरेश कुशवाहा, रामानन्द तिवारी, सुरेन्द्र मोहन, मधु दण्डवते, जॉर्ज फर्नांडिस, मृणाल गोरे, हेमवती नन्दन बहुगुणा, चौधरी चरण सिंह, अब्दुल हयात चाँद, मुलायम सिंह यादव, देवीलाल, मंजय लाल, वशिष्ठ नारायण सिंह, ओमप्रकाश चौटाला आदि सैकड़ों नेता समाजवादी आन्दोलन में सक्रिय थे। कालान्तर में समाजवाद के कई खेमे हो गये। लेकिन सिद्धान्त सबके लगभग एक ही रहे।

कांग्रेसी समाजवाद के सिद्धान्त संविधान में दर्ज होकर सुरक्षित हो गये। बाद में इन्दिरा गांधी ने 1976 के 42वें संशोधन द्वारा भारतीय संविधान की प्रस्तावना में भी समाजवादी शब्द को जोड़ दिया। नियोजित अर्थव्यवस्था, समाजसुधार, कल्याणकारी राज्य की स्थापना, लोकतन्त्र में विश्वास, धर्मनिरपेक्षता और गुटनिरपेक्ष विदेश नीति आदि समाजवाद के सिद्धान्त हैं। गांधी ने कहा था–"समाजवाद एक सुन्दर शब्द है और जहाँ तक मुझे मालूम है समाजवाद में समाज के सब सदस्य समान होते हैं। कोई छोटा, कोई बड़ा नहीं होता, कोई ऊँचा नहीं, क़ोई नीचा नहीं।" पं. नेहरू ने कहा था–"मैं धारणाओं से लोकतन्त्र की परम्पराओं में विश्वास करता हूँ, परन्तु बौद्धिकता और अनुभवों ने मुझे समाजवादी बना दिया है।" मार्क्स का समाजवाद द्वन्द्वात्मक भौतिकवाद पर आधारित है। किन्तु लोहिया ने सभी समाजवादों को मिलाकर समाजवाद का एक बड़ा और व्यापक महल खड़ा किया, जो न गांधी की तरह केवल पूर्वी है और न मार्क्स की तरह केवल पश्चिमी। लोहिया ने इसे अधिक मानवीय बनाकर इसको लागू करने के लिए सात सिद्धान्तों की रचना की, जिसे 'सप्तक्रान्ति' कहते हैं। कर्पूरी ठाकुर लोहिया के इसी समाजवाद के नेता थे।

कर्पूरी ठाकुर नये समाजवाद की स्थापना और मज़बूती के लिए लोहिया और आचार्य नरेन्द्र देव आदि नेताओं के साथ लखनऊ, कानपुर, बनारस, बम्बई (मुम्बई) घूमते रहे। अब वे जयप्रकाश नारायण के कांग्रेस सोशलिस्ट पार्टी के विधिसम्मत सदस्य और नेता बन चुके थे। उन्हें दरभंगा ज़िला 'कांग्रेस सोशलिस्ट पार्टी' का प्रथम महामन्त्री बनाया गया। इस पद

पर रहते हुए उन्होंने एक बार फिर से अपनी कुशल संगठन क्षमता का परिचय दिया। इसी बीच 1947 में देश आज़ाद हो गया। 1948 में गांधीजी की हत्या हो गयी। समाजवादी नेताओं का कांग्रेस से मोहभंग हो गया और उन्होंने 'कांग्रेस सोशलिस्ट पार्टी' को भंग कर नया 'समाजवादी दल' बनाया। उसके प्रसिद्ध नेताओं में जयप्रकाश नारायण, आचार्य नरेन्द्र देव, यूसुफ मेहर अली, राममनोहर लोहिया, रामनन्दन मिश्र, अशोक मेहता आदि थे। कर्पूरी जी को 'बिहार प्रदेश समाजवादी दल' का नेता घोषित कर दिया गया। वे वर्षों तक इसी पद पर रहे।

जुझारू जननेता

गांधी के सत्य, अहिंसा, सादगी और ग्राम्य-चेतना, अम्बेडकर की आभा और ओजस्विता तथा जयप्रकाश और लोहिया की निर्भीकता और लड़ाकूपन को लेकर यदि कोई एक तस्वीर गढ़ी जाये, तो निश्चय ही वह तस्वीर कर्पूरी जी की होगी। संघर्ष को सुनना और बात है, देखना और बात है, और झेलना और बात! किन्तु संघर्ष को जीना बिल्कुल अलग बात है। कर्पूरी जी ने जीवन-भर संघर्ष को झेला और जीया। संघर्ष ही उनका जीवन था। यह संघर्ष जनता का संघर्ष था, जन-जन का संघर्ष था। इसीलिए वे 'जननायक' कहलाये। ग़ुलाम भारत में वे जितनी बार जेल न गये, उससे अधिक बार उन्हें आज़ाद भारत की जेलों ने क़ैद किया। यह था कर्पूरी जी का संघर्ष और लड़ाकूपन। कर्पूरी जी ने जयप्रकाश आन्दोलन से बहुत पहले दलित-पिछड़ों में आत्मसम्मान की चेतना जगाकर बिहार में और फिर सम्पूर्ण देश में न केवल परिवर्तन की समाजवादी चेतना पैदा की, बल्कि पहली बार ग़ैर-कांग्रेसी और पिछड़े वर्ग की सरकार बनाकर देश में दलित-पिछड़ों का पहला इतिहास रचा। देश की जनता ने उन्हें 'जननायक' की उपाधि से अलंकृत किया। समाजवादी नेता के रूप में कर्पूरी ठाकुर ने अनेक ऐतिहासिक काम किये। कर्पूरी ठाकुर के भाषण में इतना ओज और जोश होता था कि जनता आन्दोलित हो उठती थी और किसी भी जुल्म से टकराने के लिए तैयार हो जाती थी। हर ज़ोर-जुल्म और ज़्यादती के ख़िलाफ़ वे उठ खड़े होते थे। उनका प्रसिद्ध नारा था–

हक़ चाहो तो लड़ना सीखो,
क़दम-क़दम पर अड़ना सीखो,
जीना है तो मरना सीखो।

ज़मींदारी शोषण से दलित-पिछड़े किसानों की मुक्ति

दरभंगा ज़िले के इलयासपुर और विक्रमपट्टी के ज़मींदारों ने किसान-मज़दूरों के साथ ज़्यादती करनी शुरू कर दी। दलित-पिछड़ों की सैकड़ों बीघा ज़मीन पर उन्होंने ज़बरन क़ब्ज़ा कर लिया। कर्पूरी जी कब माननेवाले थे? उन्होंने ज़मींदारों के विरुद्ध सत्याग्रह शुरू कर दिया। उन्हें मार तक खानी पड़ी। किन्तु अन्ततः ज़िला प्रशासन और ज़मींदारों को झुकना पड़ा और 60 बीघे ज़मीन पर ग़रीबों का फिर से क़ब्ज़ा हो गया। देश आज़ाद होनेवाला था। 1947 के आरम्भिक दिनों में समाजवादी दल ने किसानों की समस्याओं को लेकर 'अखिल भारतीय किसान पंचायत' की स्थापना की, जो बाद में 'हिन्द किसान पंचायत' हो गयी। इसके नेता रामानन्द मिश्र बनाये गये। किन्तु उन्होंने कर्पूरी जी के जुझारूपन को देखते हुए पहले उन्हें संगठन सचिव, फिर बाद में प्रान्त का महासचिव बना दिया। कर्पूरी जी ने किसान-मज़दूरों को संगठित किया और ज़मींदारों के शोषण और अत्याचार के ख़िलाफ़ हल्ला बोल दिया। उनका नारा था–'कमानेवाला खायेगा, लूटनेवाला जायेगा।' 1949 से 1953 तक कर्पूरी जी ने किसान-मज़दूरों के हक़ में अनेक सभा-संगोष्ठी की और मार्च निकाले, जिनमें ताजपुर से पटना तक का किसान-मज़दूर मार्च प्रसिद्ध है। उनके जुलूस और मार्च के स्थानीय जुझारू साथियों में 'शम्भू पट्टी के रामचन्द्र सिंह, उनके अपने गाँव पितौंझिया के जगत नारायण सिंह और श्रीचन्द्र सिंह, भेरोखड़ा के अली इमाम, बदलू साह, राम नारायण भगत, ताजपुर के प्यारे साह, कुरो साह, जागो साह, बटाऊ साह, रूदल साह, दरबा के महेन्द्र नारायण राय, मरिचा के हरे कृष्ण राय तथा पटोरी के भोला प्रसाद आदि प्रमुख थे।' सभी के नेतृत्व में गाँव-गाँव से सैकड़ों किसान-मज़दूर जुटते थे और जुलूस, मार्च तथा प्रदर्शन में जोशीले नारे लगाते हुए शामिल हो जाते थे। उनके हुंकार से इलाक़ा गूँज उठता था।

युवा नेता कर्पूरी ठाकुर की ख्याति तेज़ी से फैलने लगी। वे क्षेत्र के सर्वमान्य नेता बन गये। उस कट्टर जातिवादी काल में भी उनके परिश्रम, लगन और उत्साह को देखकर दरभंगा, समस्तीपुर और गृहक्षेत्र ताजपुर के सभी जाति-वर्ग और धर्म के लोगों ने कर्पूरी जी का खुलकर साथ दिया। "सम्भवतः 1949 या 50 की घटना है। एक बार जब कर्पूरी जी का जुलूस शाहपुर पटोरी की ओर गुज़रा, तो थोड़ी देर के लिए ज़ोरपुरा प्राइमरी स्कूल में भी रुका। वहाँ उनके गाँव के सूर्यदेव सिंह एक शिक्षक थे, जो राजपूत जाति के थे। वे कर्पूरी ठाकुर को श्रद्धा और सम्मान की दृष्टि से देखते थे। हेडमास्टर विक्रमादित्य सिंह भी उन्हीं की जाति के थे। किन्तु वे उत्तर प्रदेश के गोरखपुर के रहनेवाले थे। इसीलिए कर्पूरी ठाकुर के बारे में नहीं जानते थे। जुलूस के गुज़रने के बाद जब हेडमास्टर को पता चला कि वह नेता हजाम जाति का था, तो वे आग-बबूला हो गये। कहने लगे–'यदि हमारे यहाँ ऐसा होता, तो उस हजाम जाति के नेता को लोग मार-मारकर कचूमर निकाल देते। सब नेतागीरी निकल जाती।' इस पर शिक्षक सूर्यदेव सिंह ने उस हेडमास्टर को डाँटा–'काहे मारता? क्या हजाम जाति को नेता बनने का अधिकार नहीं है। हेडमास्टर साहब, आप कर्पूरी ठाकुर को नहीं जानते। आप जैसे बहुत सारे लोग उसके आगे-पीछे घूमते हैं। वह किसी भी जाति से बड़ा है। आदमी जाति से नहीं, काम से बड़ा होता है। वह हमारे गाँव का है। उसके बारे में ऐसी ओछी बात मत बोलिए।' हेडमास्टर की सिट्टी-पिट्टी गुम हो गयी।" (कर्पूरी ठाकुर : जन से नायक तक, ले.डॉ. कुमार अमरेन्द्र, पृष्ठ 54-55)

यों तो युवा कर्पूरी पूरे देश के शोषित-पीड़ित लोगों के बारे में सोचते थे, किन्तु बिहार के अपने क्षेत्र ताजपुर, दरभंगा, समस्तीपुर और उसके आस-पास जहाँ कहीं ग़रीबों के साथ ज़्यादती होती, वे अपने दल के साथ पहुँच जाते थे और आपसी समझौता या अधिकारियों से मिलकर क़ानून द्वारा समस्या का निदान करवा देते थे। ऐसे अनेक उदाहरण हैं। "चकतुलसी के हरिजनों (अछूतों) और मुसलमानों को कुआँ से पानी भरने नहीं देना, मुंदीपुर के ग़रीब मल्लाहों को महाजनों द्वारा मोटे सूद (ब्याज) पर पैसे देना और वसूली नहीं होने पर उन पर मुक़दमें चलाना, उनकी भूमि हड़प लेना, सरसौना डीह के अल्पसंख्यक एवं ग़रीब पिछड़े

वर्ग के किसानों को चरागाह, क़ब्रिस्तान, रास्ते आदि के उपयोग पर सवर्ण ज़मींदारों द्वारा प्रतिबन्ध लगा देना और मार-पीट करना, बघौनी और दिगम्बरा के मुसलमान और तांती जाति के ग़रीबों का ज़मींदारों द्वारा शोषण और संघर्ष, ताजपुर बाज़ार के दर्ज़ियों और सिलाई मज़दूरों द्वारा मज़दूरी के लिए पूँजीपति लोगों से संघर्ष आदि ऐसे सामाजिक संघर्ष और मुद्दे थे, जिन्हें कर्पूरी ठाकुर ने वहाँ जा-जा कर सुलझाया।" (वही)

देश का पहला आम चुनाव और कर्पूरी ठाकुर

इसी बीच संविधान लागू हो जाने के बाद वर्ष 1952 में आज़ाद भारत का पहला आम चुनाव हुआ। एक तरफ़ कांग्रेस थी और दूसरी ओर समाजवादी पार्टी। कम्युनिस्ट अलग थे। कांग्रेस के पास एक लम्बी विरासत थी। आज़ादी की लड़ाई का पूरा इतिहास उसी का था। उसे गांधी और नेहरू जैसे नेताओं का सम्बल प्राप्त था। समाजवादी खेमे में यद्यपि '42 की क्रान्ति के महानायक जयप्रकाश, आचार्य नरेन्द्र देव, लोहिया, कर्पूरी और उनके साथी थे–सभी के सभी समर्पित देशभक्त, भारी विद्वान और क्रान्तिकारी योद्धा। किन्तु थे तो मूलतः कांग्रेसी ही। अतः जनता ने कांग्रेस को ही चुना। समाजवादी दल के गिने-चुने लोग ही चुनाव जीत सके। इन्हीं चुनिन्दा लोगों में थे–कर्पूरी ठाकुर। वे ताजपुर विधानसभा क्षेत्र से चुने गये थे। कांग्रेस नेता श्रीकृष्ण सिंह बिहार के मुख्यमन्त्री बने। आज़ाद देश की यह प्रथम बिहार विधानसभा एक-से-बढ़कर-एक विभूतियों से भरी पड़ी थी। कर्पूरी ठाकुर उन्हीं विभूतियों में से एक थे। वे बिहार विधानसभा के सबसे कम उम्र के सदस्य थे–30 वर्ष से भी कम। देखने में तो वे और भी छोटे लगते थे। लेकिन प्रतिभा में बड़े-बड़ों के कान काटनेवाले थे। उनके प्रथम भाषण से ही विधानसभा विभोर हो गयी। थे तो वे विपक्ष के नेता, किन्तु मुख्यमन्त्री श्रीकृष्ण सिंह भी उनके गुणों के कायल हो गये।

श्रीकृष्ण सिंह समर्पित स्वतन्त्रता सेनानी होने के बावजूद ज़मींदार परिवार से आते थे। कर्पूरी जी को भय था कि आज़ाद भारत में भी ज़मींदार

परिवार और सामन्ती विरासत से आये लोग कहीं अंग्रेज़ो की तरह ही न जनता पर अत्याचार करने लगें, इसलिए उन्होंने अपने प्रथम भाषण में ही कह दिया–"हमारा सौभाग्य है कि स्वतन्त्रता सेनानियों के अग्रणी नेता बाबू श्रीकृष्ण सिंह जी आज आज़ाद भारत में बिहार प्रान्त के राज सिंहासन पर आरूढ़ हैं। हम उम्मीद करते हैं कि इस राज्य के नेता श्रीबाबू राज्य का संचालन उसी प्रकार करेंगे, जिस प्रकार बादशाह नसीरुद्दीन ने किया था और प्रजा को एक समान पुत्रवत् प्यार किया था। श्रीकृष्ण सिंह भाव-विह्वल हो गये और कहा कि "कर्पूरी जी के प्रथम भाषण से ही हम बहुत प्रसन्न हैं। हम आशा करते हैं कि कर्पूरी ठाकुर कर्पूर (कपूर) की तरह अपनी सुगन्ध से विधानसभा को सुगन्धित करते रहेंगे।" श्रीबाबू की यह भविष्यवाणी अक्षरशः सही निकली। 1952 से लेकर 1988 में उनके निधन तक बिहार में कोई ऐसी विधानसभा नहीं बनी, जिसमें कर्पूरी जी की आवाज़ न गूँजी हो।

कर्पूरी ठाकुर श्रीकृष्ण सिंह की प्रशंसा और प्रोत्साहन से ख़ुश तो हुए, पर यही सरकार जनता के ख़िलाफ़ जब ज़्यादतियाँ करने लगी, तो कर्पूरी ठाकुर ने श्रीकृष्ण सिंह सरकार के ख़िलाफ़ आन्दोलन छेड़ दिया। उन दिनों खेतों की सिंचाई का एक मात्र साधन नहर ही था। "जनवरी 1953 में श्रीबाबू की सरकार ने नहर-कर का रेट दोगुना से भी अधिक कर दिया। इससे बिहार के किसान नाराज़ हो गये। शाहाबाद, पटना, गया और चम्पारण में आन्दोलन छिड़ गया। कर्पूरी ठाकुर ने इस आन्दोलन का नेतृत्व किया। 6 अप्रैल 1953 को कर्पूरी ठाकुर के नेतृत्व में 'हिन्द किसान पंचायत' और 'प्रजा सोशलिस्ट पार्टी' ने पटना में एक विशाल रैली का आयोजन किया, जिसमें जयप्रकाश नारायण और डॉ. राममनोहर लोहिया भी शामिल हुए। आन्दोलन हुए, गिरफ़्तारियाँ हुईं। कर्पूरी ठाकुर गिरफ़्तार हो गये। कर्पूरी ठाकुर के साथ अकेले शाहाबाद ज़िले से 700 किसानों ने अपनी गिरफ़्तारी दी थी।" (कर्पूरी ठाकुर और समाजवाद, ले.नरेन्द्र पाठक, पृष्ठ 126-29) अन्ततः बिहार सरकार को नहर-कर वापस लेना पड़ा।

पार्टी संगठन और देश-विदेश की यात्रा

1953 में ही 'सोशलिस्ट पार्टी' और 'प्रजा कृषक पार्टी' को मिलाकर जयप्रकाश नारायण की नयी पार्टी 'प्रजा सोशलिस्ट पार्टी' बनी। समाजवादी धड़े के अधिकांश नेता जे.पी. की इस नयी पार्टी में चले गये। डॉ. लोहिया की 'सोशलिस्ट पार्टी' छोटी पड़ गयी। कर्पूरी ठाकुर ने भी 'प्रजा सोशलिस्ट पार्टी' का ही समर्थन किया। 1957 का चुनाव कर्पूरी जी ने 'प्रजा सोशलिस्ट पार्टी' के टिकट पर ही जीता। 1957 से 1962 तक उन्होंने पार्टी संगठन को मज़बूत करने में अपनी पूरी शक्ति लगा दी। उन दिनों विधानसभा के अन्दर और बाहर उनके प्रमुख साथी और सहयोगियों में बसावन सिंह, सूरज नारायण सिंह और रामानन्द तिवारी प्रमुख थे।

इस बीच अन्तरराष्ट्रीय राजनीति का अध्ययन करने के लिए उन्हें दो-दो बार विदेश भेजा गया। प्रथम बार 1952 में वे लेबनान, मिस्र, युगोस्लाविया, इटली, फ्रांस, स्विट्ज़रलैंड, इंग्लैंड, प. जर्मनी और ऑस्ट्रेलिया आदि देशों में गये। पुनः 'सोशलिस्ट यूथ कन्वेंशन' के अन्तरराष्ट्रीय प्रतिनिधि बनकर वियाना, युगोस्लाविया, मिश्र और इज़राइल गये। इसी यात्रा के दौरान युगोस्लाविया के राष्ट्रपति मार्शल टीटो ने अपना 'ओवर कोट' देकर उनको सम्मानित किया था। टीटो कर्पूरी जी के सामान्य जीवन-शैली और ग़रीबी से परिचित थे। उन्होंने उनका फटा हुआ पेबन्द लगा कोट देखा था। वे कर्पूरी जी की प्रखर प्रतिभा और क्रान्तिकारी दृष्टि से अत्यन्त प्रभावित थे। 1957 और 1962 के बीच का समय 'समाजवादी पार्टी' के लिए बड़ा ही

उथल-पुथल और संकट का समय रहा। जयप्रकाश जी दलीय राजनीति से संन्यास लेकर विनोबा जी के साथ 'सर्वोदय' में चले गये। आचार्य नरेन्द्र देव और युसूफ मेहर अली का असामयिक निधन हो गया। रामनन्दन मिश्र भी राजनीति से संन्यास लेकर धर्म-अध्यात्म की शरण में चले गये। अशोक मेहता ने कांग्रेस का दामन पकड़ लिया। अब ले-देकर डॉ. लोहिया और कर्पूरी ठाकुर ही बच गये, जिनके कन्धों पर समाजवादी आन्दोलन की ज़िम्मेवारी थी। इसलिए समर्थकों के अनुरोध पर लोहिया और कर्पूरी जी ने दोनों समाजवादी खेमों 'प्रजा सोशलिस्ट पार्टी' और 'सोशलिस्ट पार्टी' का एकीकरण कर 'संयुक्त सोशलिस्ट पार्टी (संसोपा)' का गठन किया। डॉ. राममनोहर लोहिया को सर्वसम्मति से 'संयुक्त सोशलिस्ट पार्टी' का अध्यक्ष बनाया गया। उन्होंने सामाजिक न्याय का आन्दोलन चलाया। इसी सोशलिस्ट पार्टी के बैनर तले लोहिया ने नारा दिया था–'संसोपा ने बाँधी गाँठ, पिछड़ा पावे सौ में साठ।'

राष्ट्रीय राजनीति और पिछड़ा वर्ग

डॉ. लोहिया ने कहा था–"यदि मेरे पास हर सूबे में कर्पूरी ठाकुर जैसा एक भी कार्यकर्ता (नेता) हो जाये, तो मैं अपने जीवन काल में ही भारतवर्ष में समाजवाद की मज़बूत बुनियाद डालने में सफल हो सकता हूँ।" (समाजवादी आन्दोलन के बरअक्स, आलेख–भैरव लाल दास, 'परिषद् साक्ष्य', बिहार विधान परिषद्) और सचमुच समाजवाद की मज़बूत बुनियाद बनने लगी। लोहिया और कर्पूरी दोनों महारथियों के एक मंच पर आ जाने से भारतीय राजनीति में भूचाल आ गया। इस पार्टी ने स्वतन्त्र भारत में राजनीतिक और सामाजिक परिवर्तन का क्रान्तिकारी इतिहास रचा। इसके बैनर तले 1967 के चुनाव में सात राज्यों में कांग्रेस पार्टी हार गयी और देश के इतिहास में पहली बार इन राज्यों में ग़ैर-कांग्रेसी सरकारें बनीं। इसका श्रेय अकेले लोहिया और कर्पूरी जी को जाता है। जिस आशा, आकांक्षा और सपनों को लेकर देश आज़ाद हुआ था, हज़ारों लोगों ने क़ुर्बानियाँ दी थीं, कांग्रेस के वर्षों के नेतृत्व ने उन पर पानी फेर दिया। नेता सत्ता-सुख में लीन हो गये। सामाजिक और आर्थिक समस्याएँ ज्यों-की-त्यों बनी रहीं। इसलिए डॉ. लोहिया कांग्रेस का विरोध करते आ रहे थे। उसे सामन्तवादियों की पार्टी बता रहे थे। इस बार उन्होंने नारा ही दे दिया–'कांग्रेस हटाओ, देश बचाओ।' 1967 का आम चुनाव भारतीय राजनीति की दृष्टि से बहुत ही महत्त्वपूर्ण था। इसके कई कारण थे।

पहली बार पं. जवाहर लाल नेहरू की अनुपस्थिति में चुनाव हो रहा था। 1962 में 'भारत-चीन' और 1965 में 'भारत-पाक' युद्ध हो चुके थे। भारत-पाकिस्तान युद्ध तो देश जीत चुका था; लेकिन 'हिन्दी-चीनी भाई-भाई' के नारों के बीच अच्छे सम्बन्ध होने के बावजूद चीन ने अचानक हमला कर धोखा दिया था। इस युद्ध में भारत की भूमि का नुक़सान तो नहीं हुआ, किन्तु सेना और जान-माल की व्यापक क्षति हुई। भारत-चीन युद्ध के विश्वासघाती सदमे से बीमार हुए नेहरू का 1964 में निधन हो गया। 1966 में ताशकंद समझौते के समय लाल बहादुर शास्त्री की भी मौत हो गयी। देश में 1962 से 1966 के बीच चार-चार प्रधानमन्त्री हुए। पं. जवाहर लाल नेहरू, गुलज़ारी लाल नन्दा (दो बार), लाल बहादुर शास्त्री और इन्दिरा गांधी। इस बीच समाजवादी शक्तियाँ मज़बूत होती चलीं। ऐसे ही उथल-पुथल वातावरण में 1967 का आम चुनाव (लोकसभा और विधानसभा एक साथ) हुआ। तो कई राज्यों में कांग्रेस हार गयी। लेकिन केन्द्र में इन्दिरा गांधी के नेतृत्व में कांग्रेस ही जीती। सीटें पिछली बार से कम मिलीं; किन्तु दूसरी बार भी इन्दिरा गांधी सरकार बनाने में सफल रहीं। कांग्रेस भले ही बंगाल, बिहार और तमिलनाडु सहित सात राज्यों में चुनाव हार गयी हो, पर केन्द्र में इन्दिरा गांधी ही सत्तासीन रहीं। यह चुनाव इन्दिरा युग की शुरुआत था। इन्दिरा गांधी अपने दिवंगत पति फ़िरोज़ गांधी की सीट रायबरेली से पहली बार चुनाव लड़ीं और जीत गयीं। वह दूसरी बार प्रधानमन्त्री बनीं।

डॉ. लोहिया ने 1963 और 1966 के बीच राष्ट्रहित में कई कार्यक्रम और सिद्धान्तों की घोषणा की, जिनमें मुख्य थे–'नर-नारी की समानता, जन्मज़ात जातिप्रथा के ख़िलाफ़ और पिछड़ो को विशेष अवसर के लिए विशेष अवसर (आरक्षण), निजी पूँजी की विषमताओं और आर्थिक असमानता के ख़िलाफ़ क्रान्ति, अस्त्र-शस्त्र के ख़िलाफ़ और सत्याग्रह के लिए क्रान्ति, अलाभकर खेती पर लगान नहीं' इत्यादि। 1963 में लोहिया 'फर्रुखाबाद' से लोकसभा का चुनाव जीतकर पहली बार भारत की संसद में पहुँचे। उन्होंने संसद में जाते ही नेहरू सरकार के विरुद्ध 'अविश्वास प्रस्ताव' रख दिया। यह देश का पहला अविश्वास प्रस्ताव था। इससे सरकार तो नहीं गिरी, किन्तु पूरे देश में हलचल मच गयी। कर्पूरी ठाकुर लोहिया की नीति और सिद्धान्तों से न केवल सहमत थे, बल्कि उन्हें अमली जामा भी पहनाना चाहते थे।

1967 के आम चुनाव में बिहार की जनता ने कर्पूरी जी और उनकी पार्टी को भारी मतों से जिताया। वे अपने क्षेत्र ताजपुर से विधानसभा के लिए फिर से चुन लिये गये। पहली बार बिहार में ग़ैर-कांग्रेसी सरकार बनी। क़ायदे से कर्पूरी ठाकुर को ही बिहार का मुख्यमन्त्री बनना चाहिए था, क्योंकि उनके पास सबसे अधिक 68 (संसोपा) विधायक थे। किन्तु दलित-पिछड़ी जाति के होने के कारण जनता में तो नहीं, नेताओं में कुछ मनो-सामाजिक कुण्ठाएँ थीं, जिसके कारण कर्पूरी जी ने एक बार पुनः अपने हित और जनता की आकांक्षाओं की बलि दे दी। उन्होंने कम विधायक वाले (क्रान्ति दल के) महामाया प्रसाद सिन्हा को बिहार का मुख्यमन्त्री बना दिया। महामाया बाबू ने कर्पूरी जी को उप मुख्यमन्त्री और शिक्षा मन्त्री बनाया। कर्पूरी ठाकुर ने कोई प्रतिवाद नहीं किया, क्योंकि उन्हें बिहार में ग़ैर-कांग्रेसी सरकार बनानी थी।

मौक़ा मिलते ही कर्पूरी जी ने अपनी विचारधारा के अनुरूप दलित-पिछड़ी और शोषित-पीड़ित जनता के हक़ में फ़ैसले लेने शुरू कर दिये। शिक्षा मन्त्री के रूप में उन्होंने शिक्षा में क्रान्तिकारी परिवर्तन किया। उन्होंने पहली बार मैट्रिक से अंग्रेज़ी की अनिवार्यता समाप्त कर दी। इसके दो कारण थे–एक तो वे अंग्रेज़ी भाषा को ग़ुलामी का प्रतीक समझते थे, दूसरा इस अंग्रेज़ी के कारण ही बहुत सारी लड़कियाँ तथा दलित-पिछड़े और ग़रीब लड़के मैट्रिक नहीं पास कर पाते थे। मैट्रिक पास नहीं करने के कारण लड़कियों की शादी अच्छे घरों में नहीं हो पाती थी। मिड्ल स्कूल तक की शिक्षा उन्होंने सबके लिए निःशुल्क कर दी। किन्तु कर्पूरी जी के इस निर्णय की ख़ूब आलोचना हुई। मैट्रिक में 'पास बिदाउट इंग्लिश' को लोग मज़ाक़ में 'कर्पूरी डिविज़न' कहने लगे। ऐसा नहीं था कि इस डिविज़न में केवल दलित-पिछड़े ही पास करते थे। सवर्ण छात्र भी बड़ी संख्या में इस डिविज़न से पास करने लगे। पर डिविज़न का मज़ाक़ उड़ाने में सवर्ण लोग ही आगे थे। किन्तु महामाया बाबू की यह सरकार अधिक दिनों तक नहीं चल सकी। केवल 10 महीने बाद ही सत्ता-परिवर्तन हो गया। इसके बाद थोड़े-थोड़े दिनों के लिए कांग्रेस के एक मेधावी दलित नेता भोला पासवान शास्त्री बिहार के मुख्यमन्त्री होते रहे। पिछड़ी राजनीति की काट में कांग्रेस ने दलित नेता को आगे किया। लेकिन भोला पासवान शास्त्री भी

कर्पूरी की विचारधारा के ही निकले। इसी बीच कर्पूरी जी के मिशन को एक और धक्का लगा। अक्टूबर 1967 में डॉ. लोहिया का असामयिक निधन हो गया। कर्पूरी जी का मन हाहाकार कर उठा। उनके अभियान को भारी चोट पहुँची थी। लेकिन हौसला और संकल्प के धनी कर्पूरी ठाकुर टूटे नहीं। उन्होंने फिर से शक्ति सँजोयी और 1970 में 'जनसंघ' के सहयोग से बिहार में फिर से मिलीजुली सरकार बनायी। वे राज्य में पहली बार मुख्यमन्त्री बने। यह सरकार भी अल्पजीवी रही।

कर्पूरी जी दलित-पीड़ित जनता और ग़रीबों के मसीहा थे। उनका क़द किसी भी राष्ट्रपति या प्रधानमन्त्री से छोटा नहीं था। उनकी सेवा महान थी। देश और प्रान्त को उन्होंने जो दिशा-दृष्टि दी, उन्हीं का अनुकरण आगे चलकर बिहार में लालू प्रसाद यादव, दक्षिण में देवेगौड़ा, उत्तर में चौधरी चरण सिंह, देवीलाल आदि नेताओं ने किया। उन्हीं के मार्ग पर चलकर इन लोगों ने देश में परिवर्तन की हवा बहायी। 'अन्त्योदय' जैसी योजना को अपने राज्य में लागू करनेवाले देश के वे पहले मुख्यमन्त्री थे। आत्मरक्षार्थ ग़रीबों को रायफ़ल देने के भी वे पहले प्रस्तावक थे। भूमि-सुधार को सख़्ती से लागू करने से लेकर पंचायती राज तक उन्होंने राज्य की ग़रीब और दलित-पीड़ित जनता के कल्याण के लिए अनेक काम किये। ग़रीब राज्यों को विशेष दर्जा देकर उनके विकास के वे हिमायती थे। वे अपने पूरे राजनीतिक जीवन में हमेशा केन्द्र सरकार से बिहार को 'विशेष राज्य' का दर्जा देने की अपनी माँग दुहराते रहे। किन्तु कांग्रेस तो कांग्रेस, मोरारजी देसाई की उनकी अपनी सरकार ने भी उनकी माँग नहीं मानी। मोरारजी में भी कर्पूरी जी की पिछड़ी राजनीति को लेकर कहीं-न-कहीं कुण्ठा थी। तभी तो उन्होंने बिहार में कर्पूरी जी के 'पिछड़ा आरक्षण' का भी विरोध किया था।

कर्पूरी ठाकुर और कांग्रेस

बिहार में कर्पूरी ठाकुर और उनके समर्थकों के साथ कांग्रेसी सरकार ने बहुत अत्याचार और दमन किया। इससे कर्पूरी जी के विरोधी तेवर और तेज़ होते चले गये। जनता की सहानुभूति उन्हें लगातार मिल रही थी। वे सरकार की नीतियों का विरोध करते रहे और बार-बार जेल जाते रहे। कर्पूरी बिहार के हरदिल अज़ीज़ नेता बन गये। वे जहाँ कहीं जाते, जनता की आवाज़ गूँज उठती–'वीर कर्पूरी मत घबराना, तेरे पीछे सारा ज़माना।' 1972 में आम चुनाव हुआ। उस चुनाव में कर्पूरी जी के विरोध में चुनाव प्रचार करने ख़ुद प्रधानमन्त्री इन्दिरा गांधी आयी हुई थीं। ताजपुर के मैदान में विशाल जनसैलाब उमड़ा था। लेकिन जनता के हाथों में कांग्रेसी तिरंगे की जगह समाजवादी झंडे थे। इन्दिरा जी ने अपने कांग्रेस प्रत्याशी से कहा कि "मालूम पड़ता है, मुझे सोशलिस्ट की सभा में भाषण करने के लिए बुलाया गया है।" वे सभी कर्पूरी जी के समर्थक थे और इन्दिरा जी को देखने आये थे; मगर अपनी प्रतिबद्धता के साथ। उन्होंने इन्दिरा जी का विरोध तो नहीं किया, मगर कर्पूरी जी के नारों से आसमान गूँज उठा। कर्पूरी ठाकुर के प्रति जनता का अपार प्यार देखकर इन्दिरा गांधी भी अभिभूत हो गयीं। उन्हें जन-समुदाय की इच्छा की क़दर करते हुए कहना कहना पड़ा–"आप लोग जिसे अपना योग्य नेता समझते हों, चुनिए, योग्य और ईमानदार लोगों को जिताइए, मुझे ख़ुशी होगी।" यह थी कर्पूरी जी की महिमा और जनता का उन पर अपार स्नेह और विश्वास! कर्पूरी जी पुनः अपने क्षेत्र ताजपुर

से विधानसभा में भारी मतों से चुने गये। सरकार तो कांग्रेस की ही बनी, लेकिन 72 से 78 तक कर्पूरी जी राष्ट्रीय राजनीति में छाये रहे। वे 1977 में लोकसभा के सदस्य बने। किन्तु प्रान्तीय चुनाव में पार्टी के जीतने के कारण अचानक ही उन्हें मुख्यमन्त्री बनने के लिए बिहार आना पड़ा।

1977 में कर्पूरी जी के मुख्यमन्त्री बन जाने से ख़ाली हुए समस्तीपुर लोकसभा चुनाव क्षेत्र में फिर से चुनाव हुआ। यह चुनाव विश्व का सबसे बड़ा दंगल बन गया था। 'बी.बी.सी. लन्दन' से लेकर 'वॉयस ऑफ़ अमेरिका' और दुनिया भर के तमाम मीडिया उतर आये थे–समस्तीपुर में। कांग्रेस ने 'क्वीन ऑफ़ पार्लियामेंट' के नाम से मशहूर संसद सुन्दरी तारकेश्वरी सिन्हा को अपना उम्मीदवार बनाया था। कर्पूरी जी ने उनके विरुद्ध राजनीतिक दुनिया से दूर एक सामान्य से इंजीनियर अजित कुमार मेहता को खड़ा किया, जिन्हें बाद में कर्पूरी जी का 'गूँगा तोता' कहा गया। प्रधानमन्त्री इन्दिरा गांधी ने घर-घर आँचल पसार कर वोट की भीख माँगी थी। एक तरफ़ महलों के राजा और रानियाँ लगी हुई थीं और दूसरी ओर झोंपड़ी के लाल कर्पूरी ठाकुर थे। जनता को रुपये-पैसे से लेकर पारिवारिक विकास तक के सब्ज़बाग़ दिखाये जा रहे थे। किन्तु इधर न पैसा था और न बाहुबल, केवल सत्य, निष्ठा और सेवा का बल था। क्षेत्र की दलित-पिछड़ी और ग़रीब जनता ने झोंपड़ी की लाज रख ली। महलों की रानी तारकेश्वरी सिन्हा बुरी तरह हार गयीं।

जयप्रकाश आन्दोलन और कर्पूरी ठाकुर

इस बीच समाजवादी आन्दोलन में कर्पूरी ठाकुर ने फिर से जान फूँक दी। 1974 के 'राष्ट्रीय आन्दोलन–जयप्रकाश की सम्पूर्ण क्रान्ति' को ज़मीन पर उतारने का यदि किसी एक व्यक्ति को श्रेय दिया जाये, तो वह व्यक्ति निश्चय ही कर्पूरी ठाकुर होंगे। जयप्रकाश राजनीति से संन्यास लेकर विनोबा जी के आश्रम में सर्वोदयी सन्त का जीवन बिता रहे थे। कर्पूरी जी ने विनोबा जी के आश्रम में पड़े '42 की क्रान्ति के इस सोये 'शेर' को जगा दिया। और फिर चल पड़ा परिवर्तन का नया दौर।

'72 के चुनाव में भले ही कर्पूरी ठाकुर चुनाव जीत गये हों, किन्तु उनकी पार्टी चुनाव हार गयी। 1967 की तरह बहुमत नहीं मिला। उनकी पार्टी को केवल 33 सीटें ही मिलीं। कम्युनिस्ट, जनसंघ आदि अनेक छोटी-छोटी पार्टियाँ अलग-अलग लड़ी थीं, जिन्हें बहुत थोड़ी सीटें मिलीं। बिहार में कांग्रेस की बहुमत की सरकार बनी। केन्द्र में इन्दिरा गांधी दोबारा सत्ता में आयीं और प्रधानमन्त्री बनीं। केन्द्र और राज्य दोनों में कांग्रेस की मज़बूत सरकार होने के कारण सरकार मनमाने ढंग से काम करने लगी। सरकार और उसके मन्त्री, विधायकों की सामन्ती और तानाशाही प्रवृत्ति बढ़ने लगी। दलित-आदिवासी, पिछड़े और ग़रीब लोगों पर अत्याचार बढ़ने लगा। मनमाने 'कर' एवं जमाखोरी आदि से महँगाई बढ़ी, कार्यालयों में लाल फ़ीताशाही, रिश्वतखोरी, भ्रष्टाचार और व्यापारियों में मुनाफ़ाखोरी शुरू हुई। शिक्षा, चिकित्सा, रोज़गार आदि सबकी स्थिति बद से बदतर

होती गयी। सरकारी योजनाओं में लूट-खसोट और बन्दरबाँट शुरू हो गयीं। विनोबाजी के भू-दान आन्दोलन की ज़मीन का भूमिहीनों में बँटबारा और भूमि-सुधार क़ानून भी लागू नहीं हुआ। खेतिहर और भूमिहीन किसान-मज़दूरों की संख्या में वृद्धि हुई। विपक्षी पार्टी, किसान-मज़दूर और छात्र-नौजवानों के विरोध को कड़ाई से दबाया जाने लगा। 1973 तक आते-आते सरकार निरंकुश हो गयी। यह इन्दिरा गांधी और उनके पुत्र संजय गांधी का ज़माना था, जिनकी मनमानी के झूठे-सच्चे क़िस्से जनता में चल रहे थे।

समाजवादी नेताओं पर हमले और सूरज नारायण सिंह की हत्या

इसी बीच बिहार, गुज़रात, उत्तर प्रदेश और देश के कई अन्य हिस्सों में दमनात्मक कार्रवाई की कई बड़ी घटनाएँ हो गयीं। बिहार में 'उषा मार्टिन कम्पनी', राँची के मज़दूरों की माँगों के समर्थन में प्रसिद्ध स्वतन्त्रता सेनानी, समाजवादी विधायक और जयप्रकाश नारायण के निकटतम सहयोगी व कर्पूरी ठाकुर के वरिष्ठ साथी सूरज नारायण सिंह ने 14 अप्रैल 1973 को मज़दूरों के साथ कम्पनी और सरकार की मनमानी के ख़िलाफ़ विशाल प्रदर्शन किया। पुलिस ने प्रदर्शनकारियों पर लाठी चार्ज कर दिया, जिसमें वे घायल हो गये। पर घायल होकर भी वे भागे नहीं, वहीं अनशन पर बैठ गये। तभी सरकार समर्थित कम्पनी के गुण्डों ने उन पर हमला बोल दिया। यह हमला ऐसा घातक और जानलेवा था कि चोटिल सूरज बाबू गम्भीर रूप से घायल और लहूलुहान हो गये। उन्हें अस्पताल ले जाया गया, किन्तु उन्हें बचाया नहीं जा सका। एक हफ़्ते बाद 21 अप्रैल 1973 को उनकी मृत्यु हो गयी। हत्या करवाने का आरोप कांग्रेस के एक विधायक पर लगा। इस हत्या के विरोध में अनेक प्रदर्शन हुए। विधानसभा में हंगामा हुआ। कर्पूरी ठाकुर और अनेक विधायकों ने सरकार के विरोध में वक्तव्य दिये और दोषियों को सज़ा देने की माँग की। पर कोई ठोस कार्रवाई नहीं हुई।

दूसरी घटना कर्पूरी जी के साथ घटी। 4 नवम्बर 1973 को कर्पूरी ठाकुर के नेतृत्व में 117 करोड़ की कोशी सिंचाई परियोजना में चल रही धाँधली और लूट-खसोट के ख़िलाफ़ 'कोशी बचाओ' आन्दोलन छिड़ गया। परियोजना के प्राक्कलन के अनुसार न नदी तल से बालू-मिट्टी निकाले जा रहे थे और न बाढ़ के कटाव को रोकने के लिए तटबन्धों

पर पेड़ लगाये जा रहे थे। इसके विरोध में उस क्षेत्र के वीरपुर में विरोधी दल के नेताओं की एक आमसभा होनेवाली थी। इस सभा को अन्य नेता और विधायकों के अलावा बिहार के दो पूर्व मुख्यमन्त्री कर्पूरी ठाकुर और सरदार हरिहर सिंह सम्बोधित करनेवाले थे। किन्तु सभा से पूर्व ही कांग्रेस समर्थित ठेकेदार के 50-60 लठैतों ने मंच पर क़ब्ज़ा कर लिया। किसी अप्रिय घटना से बचने के लिए नेताओं ने वहाँ से कुछ दूरी पर कोशी क्लब मैदान के मंच से सभा को सम्बोधित करना शुरू कर दिया। किन्तु कुछ ही देर में ये लठैत और गुण्डे वहाँ भी पहुँच गये और नेता व कार्यकर्ताओं पर लाठी, डण्डे बरसाने लगे। सभा में भगदड़ मच गयी। लेकिन सभा के लोगों ने ही नेताओं को बचाया। फिर भी पूर्व मुख्यमन्त्री हरिहर सिंह की नाक में गम्भीर चोट आयी और कर्पूरी जी की बाँह से ख़ून निकलने लगा, जिससे उनका कुर्ता भीग गया। प्रसिद्ध नेता बैद्यनाथ मेहता और विनायक प्रसाद यादव को भी चोटें आयीं। पुलिस मूक-दर्शक बनी रही। संसोपा नेता राम इक़बाल सिंह पर भी जानलेवा हमला हुआ। दलित-पिछड़ों की आवाज़ उठाने के कारण दक्षिण बिहार के विधायक विनोद बिहारी महतो और ए.के. राय को भी जेल में बन्द कर दिया गया।

इस घटना के विरोध में भी पटना में जनसभा एवं प्रदर्शन हुए। बिहार विधानसभा में भारी हंगामा हुआ। सरकार ने सभा करनेवाले विरोधी नेताओं पर ही आरोप लगाने शुरू किये। कर्पूरी ठाकुर सदन में गरजे–"सभापति महोदय, वीरपुर में 'कोशी बचाओ सम्मेलन' था। विरोधी दल के नेताओं में श्री बैद्यनाथ प्रसाद मेहता, श्री आजम, श्री विनायक प्रसाद यादव, श्री शंकर प्रसाद टेकरीवाल, श्री हरिहर प्रसाद सिंह, श्री कमलदेव नारायण सिंह आदि उस सम्मेलन में भाग लेने गये थे। सभा से दो घण्टा पहले हम लोगों का मंच यह दलील देते हुए दख़ल कर लिया गया कि ये लोग चरित्र-हत्यारे हैं। सभा-मंच को दख़ल करने वालों में श्री जगन्नाथ मिश्र के भाई श्री कमलनाथ मिश्र, श्री श्याम नारायण मिश्र और उनके समधी श्री कमलनाथ झा थे। उनके साथ 50-60 लठैत भी थे।...जिन लोगों ने हम लोगों पर हमला किया, वे लोग श्री जगन्नाथ मिश्र से सम्बन्धित हैं, उनके नज़दीकी और उनके अपने आदमी हैं। मैं कहना चाहता हूँ कि यह पूर्व नियोजित योजना थी। हम लोगों को पीटा गया, घायल किया गया।

बिना पूर्व तैयारी के ऐसा हमला नहीं हो सकता। हमारी जान ख़तरे में है। पर इसकी ज़्यादा क़ीमत नहीं है। लेकिन जनतन्त्र ख़तरे में है, लोकतन्त्र ख़तरे में है, जिसकी रक्षा हज़ारों-लाखों शहीदों ने अपनी जान की क़ीमत देकर की है।' (विधानसभा की कार्यवाही)

इन तमाम घटनाओं की जानकारी कर्पूरी ठाकुर एवं अन्य समाजवादी नेताओं के माध्यम से विनोबा के साथ वर्धा के पवनार 'आश्रम' में रह रहे जयप्रकाश नारायण को मिल रही थी। रेडियो और समाचार पत्रों के माध्यम से भी बिहार की इन घटनाओं की ख़बरें पूरे देश में फैल रही थीं। जयप्रकाश नारायण ने ऐसी घटनाओं को लोकतन्त्र के लिए ख़तरा समझा। जे.पी. ख़ुद बिहार के थे, लेकिन जयप्रकाश और कर्पूरी ठाकुर जैसे स्वतन्त्रता सेनानी जानते थे कि कितनी मेहनत और कुर्बानियों के बाद देश आज़ाद हुआ और लोकतन्त्र की स्थापना हुई है। इसीलिए जयप्रकाश नारायण ने दिसम्बर 1973 में 'लोकतन्त्र के लिए युवा' शीर्षक से देश के छात्र, नौजवान और युवाओं को सम्बोधित एक मार्मिक अपील जारी की, जिसे समाचार पत्रों ने भी छापा। वर्धा आश्रम है तो महाराष्ट्र में, लेकिन यह गुज़रात का भी सीमावर्ती क्षेत्र है। कुछ ही वर्ष पहले तक गुज़रात और महाराष्ट्र एक ही राज्य था–सौराष्ट्र। इसलिए जेपी की इस अपील का गुज़रात के छात्रों पर काफ़ी असर पड़ा और उन्होंने महँगाई, बेरोज़गारी, भ्रष्टाचार और सरकारी लूट-खसोट व दमन के विरुद्ध आन्दोलन छेड़ दिया। आन्दोलन का असर पड़ा और कुछ ही महीनों में गुज़रात सरकार ने छात्रों की अधिकांश माँगें मान लीं। इसका असर बिहार पर भी पड़ा और बिहार में छात्र आन्दोलन तेज़ हो गये।

इस प्रकार इन्दिरा गांधी के तानाशाही शासन से मुक्ति का आन्दोलन चल पड़ा। दलित अत्याचार की घटनाएँ तो हो ही रही थीं, इधर छात्रों पर भी कांग्रेसी सरकार का दमन-चक्र चलने लगा। बिहार के छात्र पहले ही से भड़के हुए थे। मुजफ़्फ़रपुर के रामदयालु सिंह महाविद्यालय में प्रशासन द्वारा गोली चलायी गयी थी, जिसमें एक शिक्षक और एक छात्र मारे गये थे। कर्पूरी ठाकुर ने इसके ख़िलाफ़ आवाज़ बुलन्द की थी। छात्रों का आन्दोलन भी हुआ था, जिसमें कुछ और छात्र घायल हुए थे। एल.एस. कॉलेज का एक छात्र मारा गया था। 1967 के चुनाव में भी कर्पूरी जी ने

इसे मुद्दा बनाया था। कांग्रेस सरकार हार गयी थी। 1967 में बिहार में कर्पूरी ठाकुर की संविद सरकार बनी थी और शिक्षा मन्त्री के रूप में कर्पूरी जी ने अलग से प्रस्ताव लाकर अकेले रामदयालु सिंह कॉलेज को सरकारी (अंगीभूत) बना दिया था। किन्तु छात्रों का वह घाव अभी भरा नहीं था। 5 मार्च 1974 को बिहार के छात्र अचानक भड़क उठे। अब्दुल गफ़ूर की कांग्रेसी सरकार ने छात्रों पर लाठियाँ और गोलियाँ बरसायी थीं। छात्र राज्य में शिक्षा में सुधार, भ्रष्टाचार, महँगाई, बेरोज़गारी और सत्तारूढ़ गफ़ूर सरकार के इस्तीफ़े की माँग करने लगे।

जब 18 मार्च 1974 को छात्र आन्दोलन उग्र हो उठा और अनेक जगह हिंसा होने लगी, छात्रों की हिंसा के विरुद्ध सरकार की लाठी-गोली चलने लगी, तो छात्र नेताओं के अनुरोध पर अन्ततः जयप्रकाश बाबू भी छात्र आन्दोलन का नेतृत्व करने के लिए तैयार हो गये। वे पटना आ गये। लेकिन उन्होंने शर्त रख दी कि आन्दोलन अहिंसक होगा। जयप्रकाश जी ने कर्पूरी ठाकुर को अपने आवास पर बुलाया और कहा–"कर्पूरी जी, यह जो संघर्ष शुरू हो रहा है, मेरे जीवन का आख़िरी संघर्ष है। इस संघर्ष में आपका सम्पूर्ण भावना से सक्रिय सहयोग मिलना चाहिए, तभी हम आगे बढ़ेंगे और देश के छात्रों-युवकों को आगे बढ़ने की प्रेरणा दे सकेंगे। आप पर हमें नाज है। आपकी नेतृत्व क्षमता पर भरोसा है।" कर्पूरी जी ने वैसा ही आश्वासन दिया। उन्होंने कहा कि "आप निश्चिन्त रहिए, हमारा और हमारे साथियों का आपको भरपूर सहयोग मिलेगा।" कर्पूरी अपनी सम्पूर्ण शक्ति से इस आन्दोलन में कूद पड़े। फिर क्या था, गुज़रात से लेकर बिहार तक छात्र आन्दोलन तेज़ हो गया। जे.पी. और कर्पूरी के '74 की क्रान्ति का प्रत्यक्षदर्शी और भुक्तभोगी इन पंक्तियों का लेखक भी था।

जयप्रकाश जी ने बिहार के सभी विरोधी दलों से अपील की कि वे कांग्रेस सरकार की ज़्यादतियों के ख़िलाफ़ विधायक पद से इस्तीफ़ा दे दें। सबसे पहले कर्पूरी जी ने 7 मई 1974 को विधायक पद से इस्तीफ़ा दिया। बिहार विधानसभा को भंग करने की माँग को लेकर 5 जून 1974 को जयप्रकाश नारायण के नेतृत्व में विशाल जुलूस निकला और प्रदर्शन हुए, जिसमें लाखों लोग शामिल हुए। दोपहर को यह जुलूस गांधी मैदान में सभा में बदल गया। इस सभा में जयप्रकाश जी ने घोषणा कि "यह आन्दोलन

अब केवल छात्र आन्दोलन नहीं रहा, यह अब जनआन्दोलन बन चुका है। इसीलिए इसमें अब जनता भी भाग ले। इसका उद्देश्य केवल राजनीतिक सत्ता परिवर्तन नहीं है, यह व्यवस्था परिवर्तन भी है। सम्पूर्ण क्रान्ति के द्वारा सामाजिक, शैक्षणिक, आर्थिक, राजनीतिक, प्रशासनिक आदि प्रत्येक क्षेत्र में परिवर्तन लाना है।" सामाजिक बदलाव के लिए उन्होंने तिलक-दहेज, छुआछूत, असमानता, जनेऊ-प्रथा आदि का उन्मूलन और अन्तरजातीय विवाह तथा अन्त्योदय पर ज़ोर दिया। अनेक उत्साही युवकों ने अपने जनेऊ तोड़ डाले। अन्तरजातीय विवाह भी शुरू हो गये। इस प्रकार छात्र आन्दोलन सम्पूर्ण देश में जनान्दोलन के रूप में फैल गया।

विनोबा जी को पत्र

महात्मा गांधी के बाद देश में दो ही सामाजिक, राजनीतिक और आध्यात्मिक सन्त और समाजसेवी बच गये थे, जिनका आज़ादी की लड़ाई और देश के नवनिर्माण में भी बहुत बड़ा योगदान था—विनोबा भावे और जयप्रकाश नारायण। जयप्रकाश जी तो देश की नाज़ुक परिस्थिति को देखते हुए छात्र आन्दोलन में चले आये थे, किन्तु सर्वोदय सन्त विनोबा भावे ने मौन धारण कर लिया था। दिसम्बर 1974 से ही उनका मौन-व्रत चल रहा था, जो 25 दिसम्बर 1975 को पूरा हो रहा था। जब एक ही मिशन 'सर्वोदय' के जयप्रकाश सरकार के विरोध में चले गये थे, तो इन्दिरा गांधी ने सोचा कि 'सर्वोदय' के दूसरे सन्त विनोबा भावे को क्यों न अपनी ओर मिला लिया जाये? इसीलिए वह उनके पास आने-जाने लगीं। इससे देश में यह सन्देश चला गया कि इन्दिरा जी के आपातकाल को विनोबा भावे का मौन समर्थन प्राप्त है। कर्पूरी ठाकुर ने भी यही समझा। वे विनोबा के भूदान आन्दोलन में रह चुके थे। वे भूदान के कर्मठ कार्यकर्ता और सक्रिय सिपाही थे। उनकी विनोबा जी से घनिष्ठता थी। इस नाते उन्होंने 21 दिसम्बर 1975 को ही विनोबा जी को देश की मौजूदा स्थिति का हवाला देते हुए एक मार्मिक पत्र लिख डाला और ऐसी स्थिति में अपने और देश के लिए मार्गदर्शन माँगा। उन्होंने सोचा कि जब चार-पाँच दिनों बाद उनका मौन-व्रत समाप्त होगा और वे सर्वोदय कार्यकर्ताओं को सम्बोधित करेंगे, तो मेरे पत्र का भी जवाब देंगे। लेकिन इसके उलट अख़बारों में ख़बर आयी कि विनोबा

जी ने कहा है कि 'भारत में न तो आज सत्याग्रह की आवश्यकता है और न भविष्य में हो सकती है।' प्रचार किया गया कि विनोबा जी सरकार के 'अनुशासन पर्व' के साथ हैं।

इससे कर्पूरी जी और चिन्तित हो गये। उन्होंने इमरजेन्सी के दौरान ही दो और लम्बे-लम्बे पत्र लिखकर विनोबा जी को उनके आन्दोलन, देशभक्ति और लोकतन्त्र की रक्षा की याद दिलायी और इस नाज़ुक घड़ी में देश को बचाने का अनुरोध किया। उन्होंने उनके सरकारपरस्ती के लिए आक्रोश भी व्यक्त किया। उन्होंने विनोबा जी को लिखा कि "यह अत्यन्त दुख का विषय है कि आपने बिना ज़्यादा सोचे-समझे यह बोल दिया कि वर्तमान सरकार के रहते भारत में न तो आज सत्याग्रह की आवश्यकता है और न शायद भविष्य में हो सकती है। 'दिनमान' तथा कई दूसरे अखबारों ने आपका भाषण इसी रूप में छापा था। मैंने जितना समझा है, सत्याग्रह शक्ति का एक ही रूप है जनशक्ति का अथवा व्यक्ति की शक्ति का अहिंसक रूप।" (कर्पूरी का दूसरा पत्र विनोबा के नाम, दिनांक : 09-01-1976) कर्पूरी जी ने यहाँ तक कह डाला कि "आप जैसे व्यक्ति को महात्मा गांधी का उत्तराधिकारी कहलाने का अब कोई अधिकार नहीं रहा। आज भारत को महात्मा गांधी चाहिए, असत्य से लड़ने वाला, अन्याय से जूझने वाला तानाशाही के प्रतिकार के साथ-साथ सत्य और धर्म पर अटल रहने वाला।" (वही) विनोबा जी के आपातकाल के समर्थन की तथाकथित ख़बर से वे इतने विचलित हो गये कि पत्र में यह भी लिखा कि 'सत्याग्रह के प्रवर्त्तक आप नहीं, प्रह्लाद, सुकरात, ईसा और महात्मा गांधी थे। आपको ज्ञात है अमेरिका में पूँजीवादी गणतन्त्र है, जहाँ ज़नता, प्रेस, न्यायालय तथा व्यक्ति की आज़ादी प्रायः सुरक्षित है, तब भी रंगभेद मूलक वैषम्य और स्वदेशी अन्याय के ख़िलाफ़ नीग्रो नेता मार्टिन लूथर किंग को लड़ना पड़ा था। वे सत्याग्रह शिरोमणि थे। वे नपुंसक गांधीवादी नहीं, प्राणशक्त और तेज़स्वी गांधीवादी थे। उन्होंने अपनी जनता को जगाया, और लड़ाई के मैदान में उतारा, अहिंसक तरीक़े से।" (वही)

किन्तु बाद में उन्हें जब पता चला कि विनोबा जी तटस्थ हैं। सरकार उनके नाम का ग़लत इस्तेमाल कर प्रोपेगण्डा चला रही है, तो उन्होंने चौथा पत्र लिखकर खेद प्रकट किया और विनोबा जी के प्रति अपनी पहलेवाली

श्रद्धा और भक्ति दिखायी, उनके साथ किये गये सरकारी छल के लिए सरकार को भी भला-बुरा कहा। विनोबा जी को भी स्पष्टीकरण देने को कहा गया। किन्तु प्रेस पर तो सेंसर लगा था, ख़बरें आतीं कैसे? इसीलिए विनोबा जी के प्रति पूरा विपक्ष और देश की अधिकांश जनता ग़लतफ़हमी की शिकार थी। लेकिन सरकारी प्रचार-तन्त्र इतना मज़बूत था कि जनता के बीच फैली यह ग़लतफ़हमी अन्त-अन्त तक दूर नहीं हो सकी। बल्कि आज तक आपातकाल में विनोबा जी की भूमिका सन्देहास्पद बनी हुई है। सच्चाई चाहे जो भी हो, पर इमरजेंसी के दौरान कर्पूरी जी द्वारा विनोबा को लिखे गये लम्बे-लम्बे पत्र ऐतिहासिक दस्तावेज़ बन गये, जिनसे देश के लिए कर्पूरी जी के जज़्बों, राजनीतिक, आर्थिक और सामाजिक विचारों, कार्यों और नीतियों का पता चलता है। इन विस्तृत पत्रों के बहाने कर्पूरी जी ने प्रसंगवश भारत सहित देश और दुनिया की राजनीति, संस्कृति, लोकतन्त्र, धर्म-अध्यात्म और राष्ट्रीय-अन्तरराष्ट्रीय सम्बन्ध, अमेरिका, यूरोप और एशिया के देशों के आन्दोलन और इतिहास, उनकी नीति एवं भारत पर उनके प्रभाव आदि सबका वर्णन और विश्लेषण कर डाला है। इनसे उनके व्यापक इतिहास बोध, राजनीति, चिन्तन और दर्शन का पता चलता है। ये पत्र क्रमशः 21 दिसम्बर 1975, 9 जनवरी 1976, 15 सितम्बर 1976 तथा 13 नवम्बर 1976 को लिखे थे।

बिहार के लेनिन जगदेव प्रसाद की हत्या

जयप्रकाश आन्दोलन जब अपने उफान पर था, तो 5 सितम्बर 1974 को बिहार का लेनिन कहे जानेवाले कुर्था के शेर जगदेव प्रसाद की पुलिस द्वारा हत्या कर दी गयी। उनका जन्म जहानाबाद ज़िले के कुर्था प्रखण्ड के एक गाँव में हुआ था और यही उनका मुख्य कर्मक्षेत्र भी रहा। जगदेव प्रसाद स्वाभिमानी विद्वान, सुलझे हुए पत्रकार और जुझारू जननेता थे। वे जाति के कोयरी (दांगी) थे। वे पक्के समाजवादी और कर्पूरी ठाकुर के समवयस्क साथी थे। शुरू में सभी समाजवादी एक ही खेमे में थे। किन्तु बाद में जब जयप्रकाश नारायण और लोहिया की पार्टी अलग हुई, तो कर्पूरी जी जयप्रकाश की पार्टी में ही रहे, पर जगदेव प्रसाद लोहिया की सोशलिस्ट पार्टी में चले आये। जिस प्रकार कर्पूरी जी ने जे.पी. की

सोशलिस्ट पार्टी को मज़बूत किया, उसी प्रकार जगदेव बाबू ने लोहिया की पार्टी संगठन को मज़बूती प्रदान की। फिर जब सभी सोशलिस्ट पार्टियों को मिलाकर 'संसोपा' बनी, तो वे कर्पूरी जी के साथ उसी में रहे। वे संयुक्त सोशलिस्ट पार्टी के विधायक भी रह चुके थे। वे सोशलिस्ट पार्टी के मुखपत्र 'जनता' सहित हैदराबाद के अंग्रेज़ी साप्ताहिक 'सिटीज़न' और हिन्दी पत्र 'उदय' के सम्पादक भी रह चुके थे। वे ग़रीब और शोषितों के ज़बर्दस्त हिमायती थे। जब कतिपय बिन्दुओं पर लोहिया से मतभेद हुआ, तो उन्होंने सोशलिस्ट पार्टी छोड़कर अपनी अलग पार्टी बना ली–'शोषित दल'। फिर बाद में अपने ही समाज के क्रान्तिकारी नेता और विचारक रामस्वरूप वर्मा (अर्जक संघ) की पार्टी 'समाज दल' के साथ मिलकर उन्होंने एक संयुक्त पार्टी बनायी–'शोषित समाज दल'। इसी दल के गठन के अवसर पर उन्होंने अपना क्रान्तिकारी वक्तव्य दिया था–"जिस लड़ाई की बुनियाद आज मैं डाल रहा हूँ, वह लम्बी और कठिन होगी। इसमें पहली पीढ़ी के लोग मारे जायेंगे, दूसरी पीढ़ी के लोग जेल जायेंगे और तीसरी पीढ़ी राज करेगी।" उनके प्रसिद्ध नारे थे–

दस का शासन नब्बे पर, नहीं चलेगा, नहीं चलेगा!
सौ में नब्बे शोषित है, नब्बे भाग हमारा है।
धन, धरती और राज-पाट में नब्बे भाग हमारा है।
मानवता की क्या पहचान? ब्राह्मण, भंगी एक समान!
पुनर्जन्म और भाग्यवाद! इससे जन्मा ब्राह्मणवाद!!

चाहे समाजवादी अलग-अलग खेमों में बँटते रहे, पर सबका उद्देश्य कमोबेश एक ही था। लोहिया तो अब इस दुनिया में नहीं थे, पर जयप्रकाश नारायण का जब 'जेपी आन्दोलन (समाजवादी आन्दोलन)' शुरू हुआ, तो जगदेव प्रसाद ने भी अपनी पार्टी के बैनर तले आन्दोलन शुरू कर दिया। पूरे बिहार में उनका आन्दोलन चल रहा था। कुर्था प्रखण्ड के आन्दोलन का नेतृत्व वे ख़ुद कर रहे थे। सैकड़ों की संख्या में प्रदर्शनकारी प्रखण्ड का घेराव करने आगे बढ़े। डी.एस.पी. ने उन्हें रोका। जगदेव प्रसाद वहीं चट्टान की तरह खड़े होकर भाषण देने लगे। उन्होंने डी.एस.पी. की बात नहीं मानी। उनके क्रान्तिकारी भाषण से जनता में जोश आ गया। पुलिस

ने लाठी चार्ज शुरू कर दिया। इसी बीच पुलिस ने जगदेव बाबू पर गोली चला दी। गोली उनके माथे और गर्दन में लगी। पुलिस उन्हें उठाकर थाने ले गयी। प्रदर्शनकारी भी थाने गये। कहा जाता है बुरी तरह घायल जगदेव बाबू पानी माँगते रहे, पर निर्दयी पुलिस ने उन्हें पानी भी नहीं दिया और थाने पर ही उनकी मौत हो गयी।

इस निर्मम हत्या ने कर्पूरी ठाकुर को स्तब्ध कर दिया। यदि उस समय वे विधायक होते, तो सदन में आवाज़ उठाते। लेकिन जे.पी. के आह्वान पर आन्दोलन के लिए वे विधायक पद से इस्तीफ़ा दे चुके थे। इसीलिए 7 सितम्बर 1974 को जगदेव बाबू को श्रद्धांजलि देने के लिए पटना के गांधी मैदान में एक सर्वदलीय शोकसभा हुई, जिसमें कर्पूरी ठाकुर ने अत्यन्त मार्मिक और क्रान्तिकारी वक्तव्य दिया। उन्होंने कहा- "जब मैं जगदेव बाबू के प्रति श्रद्धांजलि अर्पित करने के लिए खड़ा हूँ, तो ढेर सारी स्मृतियाँ नाच रही हैं। 'जनता' अख़बार का सम्पादन करते हुए वे दिन-रात परिश्रम किया करते थे। कभी-कभी रात-भर जगे रहते थे। मैंने देखा था जगदेव अनेक गुणों के सागर थे। वे नेता थे, लेखक थे, वक्ता थे और अपने दिल में वर्तमान आर्थिक एवं सामाजिक व्यवस्था को जला डालने के लिए आग जलाये रखते थे। वह कहते थे कि वर्तमान व्यवस्था यदि क़ायम रहती है, तो दलित और शोषितों का उद्धार नहीं हो सकता। जो दलित पीड़ित जनता है, उसके उद्धार की योजना का इमेज बनाते रहते थे। वह कालक्रम में हमसे अलग ज़रूर हो गये, पर उनके लक्ष्य में कोई परिवर्तन नहीं आया। 'शोषित दल' के संगठन के वे अगुआ थे। इधर जब 'शोषित समाज दल' का गठन हुआ, तो उसका भी श्रेय उन्हें तथा रामस्वरूप वर्मा को जाता है। वर्तमान आन्दोलन को तेज़ करने के लिए अपने दल के नेतृत्व में अपनी अन्य माँगों को लेकर वे कुर्था में घेराव कर रहे थे। पर्चा में लिखा था घेराव शान्तिपूर्ण होगा। ज़ाहिर है, दलितों के संगठन में जो हज़ारों वर्ष से पिछड़े हुए हैं, उनको लेकर वे घेराव कर रहे थे। उनके पास बन्दूक़ें कहाँ थीं? (जो गोली चलाते।) सरकार की ओर से जो बयान आया है, वह सब झूठ है। मैं इसे झूठ ही नहीं, बल्कि बदमाशी मानता हूँ। लूट की बात झूठ है, आगजनी की बात झूठ है। गोली चलने के पूर्व कहाँ लूट हुई? कहाँ गोली चली? क्या ब्लॉक ऑफ़िस में आग लगी? सैकड़ों को

लाठी से मारा, फिर गोली चलाकर जगदेव प्रसाद को मार दिया। इन्दिरा गांधी बोलती है– 'जनतन्त्र बचाओ, जनतन्त्र बचाओ।' कहाँ गया तुम्हारा जनतन्त्र? शोषित और पीड़ित बेज़ुबान हैं। जगदेव बाबू उनकी ज़ुबान थे। उनकी हत्या जानबूझकर, योजना बनाकर की गयी है। मैं अपनी तथा दल की ओर से जगदेव बाबू के प्रति अपनी भावभीनी श्रद्धांजलि अर्पित करता हूँ तथा हम सभी संकल्प करें कि अत्याचार, दमन और शोषण को बर्दाश्त नहीं करेंगे।"

('ग़रीबों के रहनुमा कर्पूरी ठाकुर, सं. पत्रकार राधा मोहन ठाकुर, आलेख–'जयप्रकाश आन्दोलन' ले.–सुनील कुमार अकेला, पृष्ठ 88-89 एवं कतिपय अन्य स्त्रोतों के आधार पर)

जेपी आन्दोलन के बीच 'जनता पार्टी' बनने से पहले ही अक्टूबर, 1974 में छोटी-छोटी अनेक पार्टियों को मिलाकर एक बड़ा दल 'लोक़दल' बना जिसमें बिहार के अध्यक्ष कर्पूरी ठाकुर बने। इसमें चौधरी चरण सिंह की 'भारतीय क्रान्ति दल', मामा बालेश्वर दयाल की 'संयुक्त सोशलिस्ट पार्टी', पीलू मोदी की 'स्वतन्त्र पार्टी', बंगाल की 'बंगाल कांग्रेस', बीजू पटनायक की 'उत्कल कांग्रेस', बलराज मधोक की 'नेशनल डेमोक्रेटिक पार्टी', चाँदराम की 'किसान मज़दूर पार्टी' आदि पार्टियाँ शामिल थीं। इन नेताओं ने काफ़ी भाग-दौड़ और मेहनत के बाद सभी पार्टियों को मिलाकर एक नयी पार्टी बनायी, 'भारतीय लोक़दल'। इसमें केन्द्रीय भूमिका कर्पूरी ठाकुर की रही। जेपी आन्दोलन के बाद भी 'लोक़दल' एक मज़बूत संगठन बना रहा, जिसके नेता कर्पूरी ठाकुर थे।

इस बीच इन्दिरा जी के चुनाव के विरुद्ध समाजवादी नेता राज नारायण की अपील पर इलाहाबाद उच्च न्यायालय ने इन्दिरा जी के संसदीय चुनाव को अवैध घोषित कर दिया। नियमतः इन्दिरा गांधी को संसद की सदस्यता से इस्तीफ़ा दे देना चाहिए था। किन्तु उन्होंने जनतन्त्र और न्यायपालिका की अवहेलना करते हुए वैसा नहीं किया। वे अपने पद पर बनी रहीं और सुप्रीम कोर्ट चली गयीं। जयप्रकाश बाबू ने इसके ख़िलाफ़ जनान्दोलन का आह्वान किया। कर्पूरी जी ने इस मुहिम में अपनी जान लगा दी। जयप्रकाश जी के साथ आन्दोलन में उन्होंने दिन-रात एक कर दिया।

अन्ततः अपने दमन चक्र की हद पार करते हुए इन्दिरा जी ने 25

जून-1975 की रात को पूरे देश में आपातकाल की घोषणा कर दी। तमाम विरोधी नेता जेल में डाल दिये गये। जयप्रकाश नारायण को भी गिरफ़्तार कर लिया गया। गिरफ़्तारी के समय जे.पी. ने कहा था–'विनाश काले विपरीत बुद्धि'। सन् '42 के आन्दोलन जैसा माहौल बन गया। कर्पूरी जी सरकार के निशाने पर थे। वे भूमिगत हो गये और वहीं से आन्दोलन का संचालन करने लगे। कर्पूरी जी तपे-तपाये नेता थे। उस ज़माने के कुछ चिकने-चुपड़े नेताओं की तरह वे दूसरों का ख़ून लगाकर शहीद कहलाने और अपनी अकूत दौलत की रक्षा के लिए जेल जानेवाले नेता नहीं थे। इस दौरान कर्पूरी जी अकेले ही कभी सरदार बनकर, कभी मौलवी के वेश में, कभी दाढ़ीवाला बाबा बनकर, कभी सूटेड-बूटेड साहेब, कभी बहुरूपिया, तो कभी मदारी के वेश में भारत-नेपाल की खाक छानते रहे। लेकिन छुपते-छुपाते भी वे इस राष्ट्रव्यापी आन्दोलन का संचालन करते रहे। कर्पूरी जी को पकड़वाने के लिए सरकार ने दस हज़ार रुपये इनाम की घोषणा की थी। पूरी इमरजेंसी में 'इन्दिरा-ब्रिगेड' उन्हें खोजता रहा; पर उसे उनके ठिकाने की भनक तक नहीं लगी। आख़िर में हारकर इन्दिरा गांधी को दिसम्बर 1976 में आंशिक आपातकाल हटाकर 18 जनवरी 1977 को चुनाव की घोषणा करनी पड़ी। जेल में डाले गये नेताओं को धीरे-धीरे छोड़ दिया गया। चुनाव की घोषणा अचानक की गयी थी, ताकि विरोधी दल के नेताओं को चुनाव प्रचार करने का अधिक मौक़ा नहीं मिले। किन्तु चुनाव जनता लड़ रही थी। सरकार के ख़िलाफ़ पूरे देश में वातावरण बन चुका था। व्यावहारिक रूप में आपातकाल मार्च 1977 में ही हटा, जब चुनाव में इन्दिरा गांधी हार गयीं और नयी सरकार बनाने की घोषणा हुई।

जब तक सरकार को कर्पूरी जी के नेपाल में होने की भनक लगी, तब तक कर्पूरी ठाकुर नेपाल छोड़ चुके थे। लेकिन कर्पूरी जी को शरण देने वाले प्रो. एस.एन. वर्मा को न केवल अपनी नौकरी गँवानी पड़ी, बल्कि जेल की सज़ा भी भुगतनी पड़ी। साथ ही कर्पूरी ठाकुर के दाढ़ी-बाल काटनेवाले नाई को भी जेल जाना पड़ा। "5 सितम्बर 1975 को वे काठमाण्डू से मद्रास (चेन्नई) के लिए रवाना हो गये। बीच में कलकत्ते में उनकी मुलाक़ात रघुनाथ झा और राजो सिंह से हुई। वे मद्रास में मीनू मसानी, नानाजी देशमुख, जॉर्ज फर्नांडीस आदि नेताओं के साथ बैठक में

भाग लेनेवाले थे। परन्तु मसानी, देशमुख आदि गिरफ़्तार कर लिये गये थे। पर जॉर्ज फर्नांडीस, सी.जे.के. रेड्डी और देवरस मिल गये। एक गोपनीय बैठक में तय हुआ कि सभी ग़ैर-कांग्रेसी पार्टी को तोड़कर एक नया दल बनाया जाये। इसके लिए गुप्त प्रचार-प्रसार किया गया। कर्पूरी ठाकुर साथियों के साथ बंगलौर आये और हेगड़े, पाटिल आदि नेताओं को इसके लिए राजी कर लिया।" (कर्पूरी ठाकुर : नेता विरोधी दल के रूप में, शोध-प्रबन्ध, रंजना कुमारी)

21 जनवरी 1977 को सभी दलों को मिलाकर एक नयी पार्टी बनी– 'जनता पार्टी'। 30 जनवरी '77 को जयप्रकाश नारायण के नेतृत्व में पटना के गांधी मैदान में वह ऐतिहासिक विशाल जनसभा हुई थी, जिसमें लोहिया की 'सप्तक्रान्ति' की तर्ज़ पर 'सम्पूर्ण क्रान्ति' की घोषणा की गयी। लगभग दस लाख लोग शामिल हुए और पहली बार गांधी मैदान भर गया था। कर्पूरी जी एक दिन पहले ही जयप्रकाश नारायण के पटना स्थित आवास में पहुँच चुके थे। भूमिगत कर्पूरी पर वारंट था। लेकिन दाढ़ी-बाल बढ़ाये छद्मवेशी कर्पूरी जी जयप्रकाश के साथ मंच पर पीछे बैठे थे। जे.पी. ने अचानक घोषणा की कि "अब कर्पूरी ठाकुर सभा को सम्बोधित करेंगे।" इतना कहना था कि सभा तालियों से गूँज उठी। 'कर्पूरी ठाकुर ज़िन्दाबाद' के नारे लगने लगे। कर्पूरी जी ने अपनी चिरपरिचित ओजस्वी शैली में क्रान्तिकारी भाषण दिया। पुलिस के कान खड़े हो गये। भीड़ में तो पुलिस को साहस नहीं हुआ, किन्तु जेपी आवास जाते हुए कर्पूरी ठाकुर को गिरफ़्तार कर लिया गया। लेकिन आन्दोलन के दबाव में कर्पूरी जी केवल 13 दिनों के बाद ही जेल से रिहा कर दिये गये।

मुख्यमन्त्री के रूप में कर्पूरी ठाकुर और नया परिवर्तन

आपातकाल ख़त्म हो गया। मार्च 1977 में देश में आम चुनाव हुआ। 'जनता पार्टी' के रूप में जे.पी., कर्पूरी और मोरारजी आदि के नेतृत्व में देश का पहला सशक्त राजनीतिक विकल्प उभरा। इस पार्टी ने न केवल इन्दिरा गांधी को हराया, बल्कि कांग्रेस भी चारों खाने चित हो गयी। जनता पार्टी ने बिहार की सभी 54 और यूपी की सभी 85 सीटों को जीत लिया था। राजनारायण ने इन्दिरा गांधी को हराया था। जनता पार्टी ने 270 सीटें जीती थीं और उसके सहयोगी दल 'कांग्रेस फॉर डेमोक्रेसी' को 28 सीटें मिली थीं। कांग्रेस सिर्फ़ 153 सीटों पर सिमट गयी। स्वतन्त्र भारत के इतिहास में पहली बार दिल्ली की गद्दी पर कोई ग़ैर-कांग्रेसी सरकार बैठी। कर्पूरी जी समस्तीपुर संसदीय निर्वाचन क्षेत्र से पहली बार संसद में पहुँचे। जून '77 के विधानसभा चुनाव में भी कर्पूरी जी के नेतृत्व में बिहार विधानसभा में 'जनता पार्टी' को बहुमत मिला। कर्पूरी जी को ख़ून-पसीने से सींचे अपने राज्य को सँवारना था। इसलिए वे पुनः बिहार की राजनीति में चले आये। सत्येन्द्र नारायण सिंह और कर्पूरी ठाकुर ने बिहार के मुख्यमन्त्रित्व के लिए अपने-अपने दावे ठोंके, मगर कर्पूरी जी की जीत हुई और वे दूसरी बार बिहार के मुख्यमन्त्री बने। नियमानुसार छह महीने के अन्दर ही उन्होंने मधुबनी के फुलपरास से चुनाव जीतकर विधानसभा की सदस्यता ग्रहण की। उनके लिए देवेन्द्र प्रसाद यादव ने अपनी सीट ख़ाली की थी। पहली बार कर्पूरी जी 22 दिसम्बर 1970 को मुख्यमन्त्री बने थे। मुख्यमन्त्री बनते

ही उन्होंने हिन्दी को बिहार की राजकाज की भाषा बना दिया। सरकार के समस्त राज-काज हिन्दी में होने लगे। उन्होंने प्राथमिक कक्षा तक के छात्रों के लिए मुफ़्त पाठ्यपुस्तकों के वितरण की व्यवस्था की। उन्होंने स्कूल से लेकर कॉलेज तक सभी कक्षाओं के छात्रों के लिए 'बुक-बैंक' की व्यवस्था करवायी, जिससे छात्र निःशुल्क पुस्तक प्राप्त कर अध्ययन कर सकते थे। ज़मीन पर लगनेवाले अधिभार, छोटे किसानों और अलाभकर ज़मीनों से मालगुजारी की माफ़ी और वृद्ध एवं असहाय लोगों को पेंशन देने की व्यवस्था आदि अनेक लोक-कल्याणकारी कार्य एवं योजनाएँ शुरू कर दीं। वे बिहार की जनता के हित में कल्याणकारी कार्य कर ही रहे थे कि देश की राजनीतिक उथल-पुथल के बीच उनकी सहयोगी पार्टी 'जनसंघ' ने 01 जून, 1971 को समर्थन वापस ले लिया और 02 जून को कर्पूरी जी की सरकार गिर गयी। इसी बीच पूर्वी पाकिस्तान में 'बंगलादेश मुक्ति-संग्राम' छिड़ गया। मुख्यमन्त्री रहते कर्पूरी जी ने इस अन्तरराष्ट्रीय आन्दोलन में बहुत बड़ी भूमिका निभायी।

बंगलादेश मुक्ति संग्राम और मुख्यमन्त्री कर्पूरी ठाकुर

आज का 'बंगलादेश' उस समय पाकिस्तान का हिस्सा था—पूर्वी पाकिस्तान। आज के पाकिस्तान को पश्चिमी पाकिस्तान कहते थे। दोनों पाकिस्तान की राजधानी इस्लामाबाद प. पाकिस्तान में थीं और यहीं से पूर्वी पाकिस्तान का भी शासन चलता था। किन्तु एक भारत के इस पार पूरब में था और दूसरा उस पार पश्चिम में। काफ़ी दूरी पर होने के कारण पूर्वी पाकिस्तान के प्रशासनिक कार्यों में काफ़ी कठिनाई होती थी, जिससे वहाँ की जनता ख़ुश नहीं थी। दूसरा कारण था कि प. पाकिस्तान की भाषा उर्दू थी, जबकि पूर्वी पाकिस्तान की बंगला। पूर्वी पाकिस्तान भारत के सबसे बड़े राज्य बंगाल का ही हिस्सा था, जिसे मुस्लिम बहुल होने के कारण वर्ष 1905 में अंग्रेज़ो ने अलग कर दिया था। आज़ादी के बाद भारत-पाक विभाजन में यह पाकिस्तान के हिस्से पड़ा। प. पाकिस्तान की मुख्य राजनीतिक पार्टी थी 'मुस्लिम लीग', जबकि पू. पाकिस्तान की 'आवामी लीग' इसके नेता शेख़ मुजीबुर्रहमान थे।

वर्ष 1970 के चुनाव में 'अवामी लीग' को पाकिस्तान में अपार बहुमत मिला। किन्तु उसे सरकार बनाने नहीं दिया गया। इसीलिए मुजीबुर्रहमान ने अलग देश के रूप में पूर्वी पाकिस्तान की आज़ादी का आन्दोलन छेड़ दिया। 7 मार्च 1971 को श्री रहमान के नेतृत्व में ढाका में एक ऐतिहासिक रैली का आयोजन किया, जिसमें लाखों लोग शरीक हुए। इसी रैली में शेख़ मुजीबुर्रहमान ने वह ऐतिहासिक भाषण दिया, जिसने बंगलादेश ही नहीं, दुनिया के सभी स्वतन्त्रता प्रेमियों को उत्साह से भर दिया। मुजीब का यह भाषण आज 'यूनेस्को' द्वारा विश्व विरासत की सूची में दर्ज है। 16 मार्च '71 को मुजीबुर्रहमान ने दुनिया-भर के स्वतन्त्रता प्रेमियों से मदद के लिए भावुक अपील जारी कर दी और 26 मार्च '71 को आज़ादी की घोषणा कर दी। मुजीबुर्रहमान को गिरफ़्तार कर लिया गया। लोग सड़कों पर उतर आये। आज़ादी के लिए 'बंगलादेश मुक्ति-वाहिनी' सेना तैयार हो गयी। प. पाकिस्तान की सेना ने आक्रमण कर दिया। युद्ध छिड़ गया।

सहयोग करने के सवाल पर उस समय भारत उधेड़बुन में था। लेकिन कर्पूरी ठाकुर जुझारू स्वतन्त्रता सेनानी थे। देश की आज़ादी की लड़ाई में उनकी क्रान्तिकारी भूमिका थी। इसलिए मुजीबुर्रहमान की अपील का मुख्यमन्त्री कर्पूरी ठाकुर पर गहरा असर पड़ा। उन्होंने 'जंग' को न्यायोचित करार दिया। "केन्द्र सरकार की परवाह किये बिना वे गुप्त रूप से बंगाल के रास्ते नदी पार करके पूर्वी पाकिस्तान की सीमा में घुस गये। वहाँ उन्होंने मुजीबुर्रहमान की देखरेख में कार्यरत 'मुक्तिवाहिनी सेना' की समस्या और आवश्यकताओं के बारे में जानकारी ली। वहाँ से लौटकर उन्होंने भारत के तत्कालीन रक्षा मन्त्री जगजीवन राम से सम्पर्क किया, उन्हें स्थिति से अवगत कराया और अपनी तरफ़ से भी 'मुक्तिवाहिनी' को रुपये और शस्त्र भिजवाये। फिर तो घटनाओं का ऐसा चक्र चला कि भारत-पाकिस्तान युद्ध छिड़ गया।" (ग़रीबों के रहनुमा कर्पूरी ठाकुर, सं. राधामोहन ठाकुर, आलेख–नरेश कुमार, पृष्ठ 77) ज्ञातव्य हो कि पूर्वी पाकिस्तान के विद्रोह को दबाने के लिए पाकिस्तान ने हमला कर दिया था, जिसमें लाखों लोग मारे गये। अन्ततः भारत ने सहयोग किया और बंगलादेश मुक्तिवाहिनी ने भारतीय सेना के सहयोग से युद्ध जीत लिया। 9 महीने तक चले युद्ध के बाद 26 मार्च 1971 को बंगलादेश आज़ाद हो गया। इस आज़ादी का श्रेय

भारत को तो जाता ही है, पर इसकी प्रेरणा और प्रोत्साहन का श्रेय कर्पूरी ठाकुर को जाता है।

बिहार में पहली बार पिछड़ा वर्ग आरक्षण

1977 में पुनः मुख्यमन्त्री बनने के बाद डॉ. लोहिया के सपनों के अनुरूप कर्पूरी जी ने कई महत्त्वपूर्ण कार्य किये। उन्होंने शिक्षा के क्षेत्र में क्रान्तिकारी निर्णय लेते हुए बिहार में मैट्रिक तक की शिक्षा निःशुल्क कर दी। रोज़गार के क्षेत्र में उन्होंने छह हज़ार जूनियर इंजीनियर और चार हज़ार डॉक्टरों को एकमुश्त नियुक्त किया। किसान-मज़दूरों के लिए उन्होंने छोटे किसान और अलाभकर जोतों पर से मालगुजारी (भूमि-कर) हटा लिया। भष्ट्राचार उन्मूलन, अन्तर्ज़ातीय विवाह करनेवालों को सरकारी नौकरी आदि की योजना शुरू करना उनके अन्य महत्त्वपूर्ण कार्यों में थे। इन सबके बीच उन्होंने सबसे क्रान्तिकारी काम यह किया कि बिहार में 'मुंगेरी लाल आयोग' की सिफ़ारिशों के अनुरूप सरकारी नौकरी में पिछड़े, महिला और कमज़ोर वर्ग के सवर्णों के लिए सरकारी नौकरी में आरक्षण की घोषणा कर दी।

अपने पहले मुख्यमन्त्रित्व काल वर्ष 1970-71 के दौरान कर्पूरी ठाकुर की इच्छा थी कि पिछड़ी जातियों की सामाजिक, शैक्षणिक, आर्थिक और राजनीतिक स्थिति का पता लगाने के लिए एक आयोग बने, तदनुसार पिछड़ों को आरक्षण दिया जाये। किन्तु बीच में ही कर्पूरी जी की सरकार चली गयी। उनके इस अरमान को उनके बाद आये मुख्यमन्त्री भोला पासवान शास्त्री ने पूरा किया। भोला पासवान शास्त्री थे तो कांग्रेसी, पर वे लोहिया और कर्पूरी जी के समाजवादी और पिछड़े मिशन से प्रेरित और प्रभावित थे। इसीलिए जब वे तीसरी बार मुख्यमन्त्री बने, तो पिछड़ों के आरक्षण के लिए अपनी ही जाति (दुसाध) के एक मेधावी और विद्वान नेता व पूर्व विधायक श्री मुंगेरीलाल की अध्यक्षता में एक आठ सदस्यीय आयोग का गठन किया, जिसे 'मुंगेरीलाल कमीशन' कहते हैं। इस कमीशन ने बिहार के विभिन्न भागों का गहन दौरा और अध्ययन किया। इस कार्य में कई वर्ष लग गये। पाँच-छह वर्षों के बाद उन्होंने बिहार सरकार को अपनी रिपोर्ट सौंप दी, जिसे कर्पूरी ठाकुर ने लागू किया। 'मुंगेरी लाल कमीशन'

ने फ़रवरी, 1976 में अपनी रिपोर्ट बिहार सरकार को दी। इस बीच कांग्रेस के जगन्नाथ मिश्र बिहार के मुख्यमन्त्री बने। लेकिन उन्होंने कमीशन की सिफ़ारिशों को लागू नहीं किया।

जब कर्पूरी ठाकुर 1977 में दोबारा मुख्यमन्त्री बने, तो उन्होंने 'मुंगेरी लाल कमीशन' की रिपोर्ट का अध्ययन किया। यह सिफ़ारिश उनकी कसौटी पर खरी उतरी; क्योंकि वे चाहते थे कि पिछड़ों के साथ-साथ ग़रीब सवर्ण और स्त्रियों को भी आरक्षण मिले। जोतिराव फुले और डॉ. राममनोहर लोहिया ने स्त्रियों को भी पिछड़ा माना था। मुंगेरीलाल कमीशन ने वैसा ही किया था। कमीशन ने अपनी रिपोर्ट में समाज, शिक्षा, सरकारी नौकरी और व्यापार में पिछड़ेपन को आधार बनाते हुए 128 पिछड़ी जातियों की सूची तैयार की थी। पिछड़ी जातियों को 'बीसी' (बैकवर्ड क्लास, पिछड़ा वर्ग) और 'एमबीसी' (मोस्ट बैकवर्ड क्लास, अत्यन्त पिछड़ा वर्ग) में बाँटा गया था। उन दिनों पिछड़े वर्ग (बीसी) में 34 और अत्यन्त पिछड़े वर्ग (एमबीसी) में 94 कुल 128 जातियाँ थीं। कमीशन ने पिछड़ों के लिए सरकारी नौकरियों में 26% और शिक्षण संस्थानों में प्रवेश के लिए 24% आरक्षण की सिफ़ारिश की थी। बाद में इस सूची में और भी जातियाँ जुड़ती चली गयीं। पिछड़ों में केवल पिछड़ी जातियाँ ही नहीं थीं, बल्कि ग़रीब सवर्ण और सभी वर्ग की महिलाएँ थीं।

कर्पूरी ठाकुर ने 1978 में बिहार विधानसभा में इसे पेश कर दिया। भारी विरोध के बावजूद यह बहुमत से पास हो गया। यह वही दौर था, जब पिछड़ी जातियों की स्थिति का अध्ययन करने के लिए राष्ट्रीय स्तर पर कमीशन की माँग ज़ोरों पर थी। पिछड़े वर्ग के आरक्षण के लिए कांग्रेस सरकार में गठित प्रथम आयोग 'काका कालेलकर आयोग' की सिफ़ारिशें लागू नहीं हो सकी थीं। अब 'जनता पार्टी' की समाजवादी सरकार थी। मोरारजी देसाई प्रधानमन्त्री थे। अब उसे लागू न करने का कोई बहाना नहीं था। पिछड़े वर्ग के नेता और मन्त्रियों ने प्रधानमन्त्री से 'काका कालेलकर आयोग' की सिफ़ारिशों को लागू करने का अनुरोध किया। पर उन्होंने कहा कि "वह रिपोर्ट बहुत पुरानी हो गयी है। इसीलिए नया आयोग बनाना होगा और उसकी सिफ़ारिशों के आधार पर पिछड़े वर्ग को आरक्षण दिया जायेगा।" यद्यपि यह भी एक प्रकार से टालना ही था, यह एक समयसाध्य

काम था, फिर भी पिछड़े वर्ग के नेताओं ने इसे मान लिया और वर्ष 1979 में मोरारजी देसाई की सरकार ने बिहार के पूर्व मुख्यमन्त्री बिन्देश्वरी प्रसाद मण्डल की अध्यक्षता में एक कमीशन का गठन कर दिया, जिसे 'मण्डल कमीशन' कहते हैं।

इस कमीशन ने पूरे देश का दौरा करके अपनी सिफ़ारिशें जल्द ही सरकार को सुपुर्द कर दीं। किन्तु तब तक मोरारजी देशाई की सरकार चली गयी। वर्षों बाद 'मण्डल कमीशन' की सिफ़ारिशें तभी लागू हो सकीं, जब 1990 में केन्द्र में विश्वनाथ प्रसाद सिंह (वी.पी. सिंह) की सरकार बनी। आरक्षण विरोधी आन्दोलन और केस-मुक़दमों की पेचीदगियों के कारण इसे लागू करने में और देरी हुई। सुप्रीम कोर्ट के आदेश से यह 1992 में ही लागू हो सकी, वह भी 'क्रीमी लेयर' की आर्थिक सीमा के साथ। सिफ़ारिशें भी आंशिक रूप में लागू की गयी थीं, केवल सरकारी नौकरियों में 27% का आरक्षण था। फिर भी देश में इस आरक्षण के ख़िलाफ़ राष्ट्रव्यापी आन्दोलन छिड़ा। जान-माल और सरकारी सम्पत्तियों का व्यापक नुक़सान हुआ। यह सब देखने के लिए तब तक कर्पूरी ठाकुर जीवित नहीं रहे।

'मण्डल कमीशन' से 14-15 साल पहले ही कर्पूरी जी ने 'मुंगेरी लाल कमीशन' की रिपोर्ट के आधार पर बिहार में पिछड़े वर्ग का आरक्षण लागू कर दिया था, जिसमें क्रीमी लेयर का कोई प्रावधान नहीं था। मण्डल कमीशन लागू होने के बाद सुप्रीम कोर्ट ने कर्पूरी जी के पिछड़े वर्ग आरक्षण के आर्थिक पक्ष को समाप्त कर दिया। फिर भी, बिहार में आज भी आरक्षण का आधार 'कर्पूरी फॉर्मूला' का आरक्षण ही है। राज्य सरकार की नौकरियों और शिक्षण संस्थानों में पिछड़े और अति पिछड़े की दो कैटेगरी हैं, जो मण्डल कमीशन में नहीं हैं। मण्डल कमीशन केवल केन्द्रीय सेवाओं के लिए ही है, जबकि कर्पूरी आरक्षण राज्य की सेवाओं के लिए।

1978 में जब कर्पूरी जी ने बिहार में पिछड़े वर्गों (पिछड़ी जातियों, महिलाएँ और आर्थिक रूप से कमज़ोर सवर्णों) के लिए आरक्षण लागू किया, तो उन पर जातिवादी राजनीति का आरोप लगा और आरक्षण विरोधी आन्दोलन शुरू हो गया। चूँकि कर्पूरी जी ख़ुद पिछड़े वर्ग से आते थे, इसलिए ऐसा होना स्वाभाविक था। दूसरी परिस्थिति पर विचार करें, तो उसके बाद 'मण्डल कमीशन' आता है। जब वी.पी. सिंह ने 'मण्डल

कमीशन' लागू किया, तब भी विरोध में आन्दोलन हुए, गालियाँ भी दी गयीं; किन्तु विश्वनाथ प्रताप सिंह पर जातिवादी होने का आरोप नहीं लगा। भारतीय समाज धर्म और जाति के आधार पर बुरी तरह बँटा हुआ है। यहाँ धर्म में भी जाति है और जाति में भी धर्म। इसलिए उसे तोड़ पाना बहुत मुश्किल काम है। यही कारण है कि सदियों के प्रयास के बावजूद यहाँ जाति और धर्म के घेरे आज भी बदस्तूर क़ायम हैं। इस समस्या के समाधान के लिए देश के नीति निर्माताओं ने संविधान में 'विशेष अवसर' के सिद्धान्त के तहत आरक्षण की व्यवस्था की। 'कम्युनल अवार्ड' (पृथक् निर्वाचन) के विरोध में गांधीजी का अनशन, फिर गांधी-अम्बेडकर के बीच 'पूना-पैक्ट' (पूना-समझौता) हुआ। उसी के तहत देश की दलित-पिछड़ी जातियों को समाज और राष्ट्र की मुख्यधारा में लाने के लिए आरक्षण की व्यवस्था की गयी। बाबा साहेब ने तो अपने 'शेड्यूल्ड' में देश की सभी दलित-पिछड़ी जातियों को रखा था। किन्तु आर्यसमाज और गांधीजी के प्रभाव में पिछड़ी जातियों ने विरोध किया।

इसलिए उसमें केवल अछूत और आदिवासी जातियों को ही रखा जा सका और शेष को 'ओबीसी' (Other Backward Class अन्य पिछड़ा वर्ग) कहक़र संविधान में प्रावधान कर दिया गया कि अलग से आयोग बनाकर 10 वर्षों के अन्दर इनके लिए भी आरक्षण और विशेष अवसर के सिद्धान्त को लागू किया जाये। 5 वर्ष बाद 'काका कालेलकर कमीशन' और फिर आगे 'मण्डल कमीशन' बना। पिछड़ों के आरक्षण की आगे की कहानी से देश परिचित है। कर्पूरी जी ने संविधान की इसी अवधारणा के तहत बिहार में 'मुंगेरी लाल आयोग' की अनुशंसा के अनुरूप पिछड़ों के लिए आरक्षण लागू किया था। यह आरक्षण संविधान की धारा 15(क) और 16(4) के प्रावधानों के अनुरूप था।

दलित वर्गों के लिए आरक्षण तो पहले ही से लागू था। पिछड़े वर्गों के लिए लागू यह आरक्षण भी शत-प्रतिशत पिछड़ा आरक्षण नहीं था। इसके अन्तर्गत सरकारी नौकरियों में पिछड़े वर्गों के लिए 8%, अत्यन्त पिछड़े वर्ग के लिए 12%, महिलाओं के लिए 3% और आर्थिक दृष्टि से कमज़ोर सवर्णों के लिए 3% (कुल 26%) आरक्षण की व्यवस्था की गयी। आरक्षण तो लागू हो गया, किन्तु सवर्णों ने इसका भारी विरोध किया।

पूरे बिहार में आग लग गयी। धरना, प्रदर्शन और तोड़-फोड़ के दौर शुरू हो गये। कर्पूरी जी को भद्दी-भद्दी गालियाँ दी जाने लगीं। माँ-बहनों को भी नहीं छोड़ा गया।

यह आरक्षण कहाँ से आयी!
कर्पूरिया की...बिआई!!
कर कर्पूरी कर पूरा!
छोड़ गद्दी धर छूरा!!
एम.ए.बी.ए. पास करेंगे!
कर्पूरिया को बाँस करेंगे!!
दिल्ली से चमरा भेजा सन्देश!
कर्पूरी केश बनावे,
भैंस चरावे रामनरेश!!

ख़ुद प्रधानमन्त्री मोरारजी देसाई और 'जनसंघ' ने भी कर्पूरी जी का विरोध किया। पार्टी और देश की राजनीति में भूचाल आ गया। जनता पार्टी को भारी नुकसान उठाना पड़ा। इस उठा-पटक का अन्त जनता पार्टी की टूट में हुआ। 'जनसंघ' ने सरकार से समर्थन वापस ले लिया। उनकी अपनी ही पार्टी के सत्येन्द्र नारायण सिंह, रामानन्द तिवारी, बसावन सिंह और कैलाशपति मिश्र (सभी सवर्ण) ने भी उनका विरोध किया। इन तमाम नेताओं और दल के सहयोग और समर्थन से रामसुन्दर दास को मुख्यमन्त्री बनाया गया और कर्पूरी ठाकुर की सरकार को गिरा दिया गया। कर्पूरी जी का पुरज़ोर विरोध हुआ। लेकिन कर्पूरी ठाकुर यथास्थितिवादी नहीं थे। वे हाशिये की बहुसंख्यक जनता को सचमुच आज़ाद करना चाहते थे। उन्हें समानता और सम्मान देना चाहते थे। भले ही उनकी सरकार चली गयी। किन्तु उन्होंने तत्कालीन राजनीतिक विचारधारा से समझौता नहीं किया। उन्होंने विपक्ष में रहना मंजूर किया, मगर भेदवादी राजनीति के सामने घुटने नहीं टेके। कर्पूरी ठाकुर पर इसके पहले जातिवादी आरोप नहीं लगे थे। वे सबके नेता थे। सभी जाति, धर्म और वर्ग के लोग उन्हें अपना नेता मानते थे। किन्तु आरक्षण लागू होते ही सवर्ण समाज ने उन्हें पिछड़ों का नेता बना दिया, जबकि उन्होंने सबसे अधिक काम अगड़े वर्ग के ग़रीबों के लिए ही किया था। अगड़े वर्ग के अनेक पढ़े-लिखे युवकों को उन्होंने शिक्षक,

डॉक्टर, इंजीनियर और प्रोफ़ेसर बना दिया। लेकिन आरक्षण देने के बाद उनकी सर्वमान्य छवि को धक्का लगा। उन्हें बचपन से जवानी और जवानी से लेकर मन्त्रित्वकाल में भी जातीय भेदभाव का शिकार होना पड़ा था। लेकिन उन्होंने कभी चूँ तक नहीं किया था। इसे सहजता से लिया। कभी किसी को जातिगत नज़रिये से नहीं देखा। किन्तु उन्हें ही अब जातिवादी नज़रिये से देखा जाने लगा। इससे कर्पूरी ठाकुर को काफ़ी दुख हुआ। किन्तु यह स्थिति अधिक दिनों तक बरकरार नहीं रही। देश में मण्डल कमीशन लागू होने के बाद वही लोग जो बिहार में पिछड़ा आरक्षण लागू होने पर कर्पूरी जी को गाली देते थे, अब उनकी प्रशंसा करने लगे। बिहार के पूर्व मुख्यमन्त्री और कर्पूरी जी के प्रतिद्वन्द्वी डॉ. जगन्नाथ मिश्र ने कहा कि आरक्षण का कर्पूरी फॉर्मूला ही अच्छा था। उसे पूरे देश में लागू किया जाना चाहिए। डॉ. मिश्र के साथ-साथ कांग्रेस के सवर्ण नेताओं ने भी 'मण्डल कमीशन' के बदले बिहार राज्य और देश में 'कर्पूरी आरक्षण' को लागू करने की माँग की। इस प्रकार एक आरक्षण के बाद कर्पूरी जी की छवि को जो नुक़सान पहुँचा था, दूसरे आरक्षण ने उसे ख़त्म कर दिया। समय और समाज के साथ मूल्य और मान्यताएँ भी बदलती हैं। बाद के 'सवर्ण आरक्षण' ने कर्पूरी जी की छवि को और चमका दिया। अब यह प्रमाणित हो गया कि समाज को आगे बढ़ाने के लिए कर्पूरी जी की जो सोच थी, वह सबसे अच्छी थी। यद्यपि संविधान में आरक्षण का आधार सामाजिक और शैक्षणिक पिछड़ापन है, किन्तु समाज ने इसे आर्थिक उन्नति का साधन माना, जो सिद्धान्तः ग़लत था। इसीलिए आर्थिक आधार पर घोषित 'सवर्ण आरक्षण' का विरोध हुआ। किन्तु इससे प्रभु वर्ग और सवर्ण समाज ख़ुश हो गया। कर्पूरी जी समाज की इस मनो-सामाजिक मानसिकता को जानते थे। इसीलिए अपने 'आरक्षण' में आर्थिक रूप से ग़रीब सवर्ण समाज को भी जोड़ दिया था। देश-काल-परिस्थिति सबका मूल्यांकन कर देता है।

जाति-धर्म से दूर

कर्पूरी ठाकुर का जन्म अति पिछड़े समाज में ज़रूर हुआ था, पर क्या वे केवल पिछड़े या अति पिछड़े वर्ग के ही नेता थे? प्रश्न पूछा जा सकता है। एक बार पत्रकारों ने भी कर्पूरी जी से यही सवाल पूछा था, जब वे दूसरी बार

मुख्यमन्त्री बनने के बाद फिर से राष्ट्रीय राजनीति में सक्रिय थे। पत्रकारों ने पूछा था–"आप पिछड़ी जाति के नेता हैं और आप जाति की राजनीति करते आये हैं, यह बात कहाँ तक सही है?" कर्पूरी ठाकुर ने छूटते ही कहा था–"यह कहना सरासर ग़लत होगा कि मैं किसी जाति विशेष का नेता हूँ या जाति पर आधारित राजनीति करता आया हूँ। मैं तो आज़ादी की लड़ाई का सिपाही था। आज भी सामाजिक और आर्थिक आज़ादी की लड़ाई में एक सिपाही के रूप में संघर्ष कर रहा हूँ।" पत्रकार–"आप पर आरोप लगाया जाता है कि आपने अपने मुख्यमन्त्रित्व काल में ऐसी आरक्षण नीति तैयार की, जिससे जातीयता को और बढ़ावा मिला, विभिन्न् जातियों में टकराव पैदा हुआ। ऐसा करने के पीछे आपका उद्द्देश्य राजनीतिक लाभ उठाना था। यह बात कहाँ तक सच है।" कर्पूरी ठाकुर–"मैंने केवल संविधान में लिखे निर्देशों का पालन किया था। संयुक्त समाजवादी पार्टी, सोशलिस्ट पार्टी तथा तत्कालीन जनता पार्टी की यह नीति थी कि हरिजनों, आदिवासियों, पिछड़े वर्गों, महिलाओं एवं पिछड़े मुसलमानों के लिए सरकारी नौकरियों में आरक्षण की व्यवस्था की जाये। संविधान के अनुच्छेद 15 (क) और 16 (4) में भी प्रावधान है कि सामाजिक और शैक्षणिक दृष्टि से पिछड़े लोगों को आरक्षण प्रदान किया जाये। मैंने संविधान के निर्देशों और अपने चुनाव घोषणा-पत्र का अनुपालन और कार्यान्वयन किया, तो क्या ग़लत किया? वास्तव में यह उदार नीति थी, इसे पिछड़ापन न कहक़र न्यायवाद कहना चाहिए।" (ग़रीबों का हमदर्द : जननायक कर्पूरी ठाकुर, ले.–गणेश प्रसाद, पृष्ठ 99)

सचमुच कर्पूरी जी ने सभी जाति और धर्म के लोगों के लिए काम किया। उनके आन्दोलनकारी साथियों में जितने हिन्दू नेता थे, उतने ही मुसलमान भी, जितने सवर्ण नेता थे, उतने अवर्ण भी। उन्होंने जाति और धर्म की राजनीति कभी नहीं की। इसके दो कारण थे-– एक आज़ादी के बाद देश में जाति, धर्म और वर्ण-व्यवस्था को लेकर जो नये सामाजिक मूल्य उत्पन्न हुए थे, उसमें जाति-प्रथा और छुआछूत को सिद्धान्त रूप में मान्यता प्राप्त नहीं थी। छुआछूत अपराध घोषित कर दिया गया था और नयी पीढ़ी के लोगों में जातिप्रथा के प्रति एक अपराधबोध-सा उत्पन्न हो रहा था। सार्वजनिक तौर पर जाति पूछना अनैतिक माना जाने लगा था, जो आज

भी है। धार्मिक दृष्टि से भी कोई भेद-भाव नहीं था। लोग सर्वधर्म समभाव रखते थे। वोट के लिए कुछ नेता जाति-धर्म की राजनीति करते थे, लेकिन जनता उन्हें पसन्द नहीं करती थी। यद्यपि व्यावहारिक तौर पर राजनीति या समाज में जो लोग आगे थे, अपने जाति-धर्म के लोगों को ही बढ़ावा दे रहे थे, फिर भी कर्पूरी ठाकुर जैसे बड़े नेताओं में सामाजिक व्यवस्था के प्रति मूल्यबोध का यही आदर्श काम कर रहा था।

दूसरा कारण था कर्पूरी जी स्वतन्त्रता संग्राम की उपज थे और स्वतन्त्रता संग्राम का आधार कतिपय अपवादों को छोड़कर जातीय नहीं, राष्ट्रीय था। कर्पूरी जी ने कभी कोई जातीय सम्मेलन नहीं किया और न किसी जातीय महासभा में भाग लिया। 60 के दशक के किसी वर्ष की एक घटना है, जब वे चर्चित नेता बन गये थे। उनके चुनाव क्षेत्र ताजपुर के शाहपुर पटोरी में नाइयों की एक विशाल प्रान्तीय सभा हुई, जिसमें कर्पूरी ठाकुर को मुख्य अतिथि के रूप में आमन्त्रित किया गया था। उन्होंने साफ़ इनकार कर दिया कि किसी जातीय सम्मेलन में वे नहीं जायेंगे। उनके मुख्यमन्त्री और उपमुख्यमन्त्री रहते हुए कई बार उनके सगे-सम्बन्धी और ग़रीब कामगार वर्ग के लोग उनसे नौकरी माँगने आये। किन्तु हर बार उन्होंने सरकारी नियम-क़ानून का हवाला देते हुए उन्हें प्रतियोगिता परीक्षा में बैठने और अपना पुश्तैनी पेशा करके रोज़ी-रोटी कमाने की प्रेरणा दी। कई बार इसके लिए उन्होंने अपनी जेब से ऐसे लोगों की आर्थिक मदद भी की।

'सत्य, अहिंसा और सत्याग्रह' गांधी जी का नारा था और 'आराम हराम है' नेहरू का। कर्पूरी जी का नारा था–'कमानेवाला खायेगा, लूटनेवाला जायेगा।' वे कर्मयोद्धा थे। वे आलस्य के दुश्मन और जागरण के सन्देशवाहक़ थे। अक्सर अपने भाषणों में कहा करते थे–"उठ जाग मुसाफ़िर भोर हुई, अब रैन कहाँ जो सोवत है। जो सोवत है, वह खोवत है, जो जागत है, वह पावत है।" शहीदे आजम भगत सिंह ने जहाँ 'ग़ुलाम देश में विवाह न करने' का व्रत लिया था, वहीं कर्पूरी जी ने प्रतिज्ञा की थी–'ग़ुलाम देश में ग़ुलाम संतान पैदा नहीं करूँगा।' यह उनका व्रत भी था और ग़ुलाम भारत का जनसन्देश भी, जिसका पालन उन्होंने दृढ़तापूर्वक किया। ग़ुलाम देश में विवाह हो जाने के बाद भी वे तब तक ब्रह्मचारी बने रहे, जब तक देश आज़ाद नहीं हो गया। उनके दोनों बेटे और एक बेटी

आज़ादी के बाद पैदा हुए। यह थी कर्पूरी जी की प्रतिबद्धता। वे सिद्धान्त के इतने पक्के और दृढ़निश्चयी थे कि जो काम ठान लेते, उसे पूरा करके ही दम लेते थे। गांधीजी की तरह अनशन और सत्याग्रह उनका भी अस्त्र था। इसलिए उन्हें 'बिहार का गांधी' भी कहा जाता है। किन्तु यह विशेषण कर्पूरी जी के लिए बहुत छोटा है। वे गांधी से बड़े तो नहीं थे, पर गांधी के ज़माने में ही उनकी राष्ट्रीय ख्याति फैल चुकी थी। इसलिए उन्हें केवल बिहार का गांधी कहकर उनके क़द को छोटा नहीं किया जा सकता।

बिहार में भूमि-सुधार

वैसे तो भारत में 18वीं सदी के उत्तरार्द्ध और 19वीं शताब्दी के आरम्भ तक चले आदिवासी विद्रोह भी 'किसान आन्दोलन' ही थे, किन्तु इसकी संगठित शुरुआत आज़ादी की लड़ाई के दौरान ही हुई। आज़ादी की लड़ाई किसान आन्दोलन से ही शुरू हुई थी। बिहार में 1917 के 'चम्पारण सत्याग्रह' और गुज़रात में 1918 के 'खेड़ा सत्याग्रह' किसान आन्दोलन ही थे। गांधीजी के नेतृत्व में शुरू हुए इन आन्दोलनों ने आज़ादी की लड़ाई में किसान आन्दोलन का रूप धारण कर लिया। ज़मींदारी प्रथा के कारण किसान ग़रीब होते चले गये। 'कर' के बोझ से सेठ, साहूकार और महाजनों से क़र्ज़ लेकर खेती करना और पीढ़ी-दर-पीढ़ी उसे चुकाते रहने से उनके खेत बिके, 'बेदख़ली' हुई और वे किसान से मज़दूर होते चले गये। इन परिस्थितियों का व्यापक चित्रण प्रेमचन्द ने ग्रामीण जीवन और कृषक संस्कृति पर आधारित अपने उपन्यासों 'कर्मभूमि, प्रेमाश्रम, गोदान' आदि में किया है। बंगला उपन्यास 'गणदेवता' (ताराशंकर वन्द्योपाध्याय) और ओड़िया उपन्यास 'माटी-मटाल' (गोपीनाथ मोहन्ती) में भी किसान-मज़दूरों की तत्कालीन स्थिति का विशद् और मार्मिक चित्रण है। आज़ादी के बाद भी यह क्रम जारी रहा, जो कमोवेश आज भी जारी है। बिहार और देश के अन्य राज्यों में भी किसान घटते गये और मज़दूरों की संख्या बढ़ती चली गयी। कर्पूरी ठाकुर ने अपने दूसरे मुख्यमन्त्रित्व काल में 1961 और 1971 की जनगणना के तुलनात्मक आँकड़ों से इसे सदन में बताया था। उन्होंने कहा था–"1961 में हमारे यहाँ खेतिहर मज़दूरों की संख्या 37 लाख 84 हज़ार 119 थी, मगर 1971 में यह संख्या बढ़कर 68 लाख 6 हज़ार 103

हो गयी। यह वृद्धि 38.9% है। ...और आप कहते हैं कि हम भूमि-सुधार कर रहे हैं, ग़रीबों को ज़मीन बाँट रहे हैं! ...(इसके विपरीत) किसानों की संख्या 1961 में बिहार में 88 लाख 16 हज़ार 414 थी, लेकिन 1971 में यह संख्या घटकर 75 लाख 79 हज़ार 698 हो गयी। आप आबादी की बात कर रहे थे। लेकिन मज़दूरों की संख्या बढ़ती गयी। इससे बढ़कर कलंक की बात और क्या हो सकती है कि जो ज़मीन रखनेवाले थे, उनकी आर्थिक स्थिति इतनी ख़राब होती चली गयी कि उन्होंने अपनी ज़मीन को बेच दिया। फलस्वरूप किसानों की संख्या में ह्रास हुआ और खेतिहर मज़दूरों की संख्या में वृद्धि हुई। लेकिन आप हरिजनों (दलितों), आदिवासियों, पिछड़े वर्गों का नाम लेकर घड़ियाली आँसू बहाते हैं।" (मुख्यमन्त्री कर्पूरी ठाकुर का भाषण, बिहार विधानसभा की दिनांक 5 जुलाई 1977 की कार्यवाही, परिषद् साक्ष्य, फ़रवरी, 2014, पृष्ठ 154-55)

आज़ादी की लड़ाई के दौरान कांग्रेस के समाजवादी खेमे और गांधीवादी नेताओं ने मिलकर राज्यों में किसान सभा का गठन किया। उसमें समाजवादी और साम्यवादी (कम्युनिस्ट) भी मिल गये। सबने मिलकर 'ऑल इंडिया किसान कांग्रेस' की स्थापना की। इनमें एन.जी. रंगा, सहजानन्द सरस्वती, जयप्रकाश नारायण, कमला देवी चट्टोपाध्याय, मुजफ़्फ़र अहमद, इन्दूलाल, सज्जाद जहीर, जेड.ए. अहमद, आचार्य नरेन्द्र देव आदि नेता प्रमुख थे। 1937 में 'किसान कांग्रेस' का नाम बदलकर 'अखिल भारतीय किसान सभा' कर दिया गया। इस आन्दोलन को आगे बढ़ाने में सहजानन्द सरस्वती की प्रमुख भूमिका थी। वे आरम्भ से सर्वाधिक सक्रिय थे। उनके नेतृत्व में 1929-30 तक यह आन्दोलन परवान पर चढ़ चुका था। 1935 के 'हाजीपुर सम्मेलन' में किसान सभा ने 'ज़मींदारी उन्मूलन' का प्रस्ताव पास किया। 'गवर्नमेंट ऑफ़ इंडिया एक्ट' के अनुसार हुए चुनाव 1935 में राज्यों में कांग्रेस की सरकारें बनीं। कायदे से उन्हें 'ज़मींदारी उन्मूलन' करना चाहिए था, क्योंकि पार्टी ने अपने चुनाव घोषणा-पत्र में इसका वादा किया था। किन्तु सरकार में अधिकांश लोग ज़मींदार ही जीत कर गये थे। इसीलिए इसे ठण्डे बस्ते में डाल दिया गया।

ऐसे माहौल ने कर्पूरी ठाकुर जैसे सैकड़ों छात्र-नौजवानों को किसान आन्दोलन की ओर आकृष्ट किया। 1938 के दिसम्बर माह में कर्पूरी

जी के गाँव के पास ओइनी गाँव आचार्य नरेन्द्र देव, राहुल सांकृत्यायन, जयप्रकाश नारायण, रामवृक्ष बेनीपुरी जैसे समाजवादियों के नेतृत्व में जो सम्मेलन हुआ था और जिसमें छात्र कर्पूरी ने पहली बार भाग लिया था, वह किसान आन्दोलन ही था। यह किसान आन्दोलन का प्रान्तीय सम्मेलन था। इस सम्मेलन ने कर्पूरी जी के बाल मन में किसान-मज़दूरों के प्रति गहरी सहानुभूति और दर्द भर दिया था। यह राष्ट्रीय समस्या जीवन भर कर्पूरी जी की मुख्य समस्या बनी रही। इसीलिए वे गांधीजी के 'सर्वोदय' और विनोबाज़ी के 'भू-दान' आन्दोलन में भी गये। वे सोचते रहे कि ग़रीब किसान-मज़दूरों का उत्थान कैसे होगा? आज़ादी के बाद भूमि का सवाल एक महत्त्वपूर्ण राष्ट्रीय सवाल बनकर उभरा। कांग्रेस ने 'कुमारप्पा समिति' बनायी, जिसने 'ज़मींदारी उन्मूलन' एवं भूमि के पुनर्गठन की सिफ़ारिश की। इस अनुशंसा के आलोक में 'अखिल भारतीय कांग्रेस कमिटी' ने 1949 में भूमि के पुनर्गठन सम्बन्धी नीतियों को पास किया। 1950 में 'ज़मींदारी उन्मूलन' क़ानून पारित हो गया। 1950 से 1955 तक देश के प्राय: सभी राज्यों में ज़मींदारी उन्मूलन हो गया। किन्तु बिहार में देरी हुई। 'ज़मींदारी उन्मूलन-1950' के बाद बिहार में स्थिति साफ़ होने के बजायें और धुँधली हो गयी। डेनियल बर्नर ने लिखा है कि "भूमि-सुधार सम्बन्धी क़ानून के निर्माण में सबसे अधिक देर बिहार में हुई। 1950 में क़ानून बनने के बाद बिहार के ज़मींदारों ने पटना हाईकोर्ट में इस क़ानूनी बाध्यता के ख़िलाफ़ याचिका दायर कर दी। फलत: क़ानून निर्माण के आठ वर्ष बाद भी बिहार के ज़मींदारों का ज़मीन पर क़ानूनी स्वामीत्व बरकरार रहा। भूमि-सुधार अधिनियम 1959 बना। लेकिन इसमें भी इतनी सारी त्रुटियाँ थीं कि ज़मींदार और नेताओं ने इसका लाभ उठाया और ज़मींदारी उन्मूलन ठीक से लागू नहीं हो सका।" समाजवादियों और वामपन्थियों ने इसे प्रमुख मुद्दा बनाया। उन्होंने बकाश्त आन्दोलन, ज़मींदारी खात्मा आन्दोलन, जोत हदबन्दी और बासगीत ज़मीन की मिल्कियत आदि आन्दोलन पूरे बिहार में चलाया। विशेषकर पूर्णिया, दरभंगा और चम्पारण में यह आन्दोलन सघन रूप में चला। इनमें कर्पूरी ठाकुर की महत्त्वपूर्ण भूमिका रही।" (कर्पूरी ठाकुर और समाजवाद, नरेन्द्र पाठक, पृ.181)

कर्पूरी ठाकुर ने अपने पूरे राजनीतिक जीवन-भर इस सवाल को उठाया और बहादुरीपूर्वक ज़मीन की लड़ाई लड़ी। यहाँ तक कि अपने संक्षिप्त संसदीय जीवन में भी 31 मार्च 1977 को लोकसभा के अपने प्रथम और अन्तिम भाषण में भी उन्होंने कहा कि "हमने ज़मीन बाँटने के लिए सन् 1948 में, 1949 में, 1950 में, 1951 में और 1952 में बड़े-बड़े प्रदर्शन किये थे। ज़मीन बँटवाने के लिए हमने सत्याग्रह किया था और जेल गये थे। लेकिन कांग्रेस ने उस पर ध्यान नहीं दिया। उन्होंने जब ज़मीन बाँटने की बात सोची, तब तक बाँटने के लिए ज़मीन ही नहीं बची थी।" (लोकसभा की कार्यवाही, 31 मार्च 1977) आपातकाल में अपने कलकत्ता प्रवास के दौरान भूमि सुधार और भूमि-वितरण की समस्या और धाँधलियों पर तो उन्होंने एक किताब ही लिख डाली–'चेहरा इन्दिरा गांधी का, नज़र मेरी', जो आज तक अप्रकाशित है। उसमें कर्पूरी ठाकुर ने लिखा है कि उस समय राजा-महाराजाओं, ज़मींदारों, नवाबों, ताल्लुकेदारों और बड़े काश्तकारों के पास दस, बीस, पच्चीस, पचास हज़ार एकड़ से लेकर एक लाख एकड़ तक ज़मीनें थीं। हम लोगों ने लड़ाई लड़ी। पर श्रीमानों ने आपस में या रिश्तेदारों में ज़मीन बाँट दी या बिक्री कर ली। यदि उस समय बँटवारा हो जाता, तो बिहार में कोई भूमिहीन नहीं रहता। कर्पूरी ठाकुर ने बिहार विधानसभा में बराबर भूमि-सुधार का सवाल उठाया, किन्तु भूमि-सुधार ठीक से लागू नहीं हो सका। जब वे ख़ुद मुख्यमन्त्री बने, तो इसे लागू कर सकते थे। वे भूमि-सुधार करना भी चाहते थे। किन्तु पहली बार उनकी सरकार बहुत कम दिनों तक रही। दूसरी बार जब उन्होंने भूमि का बँटवारा करना चाहा, तो उनकी सरकार में बैठे ज़मींदारों ने ही साथ नहीं दिया। उनके 'पिछड़ा वर्ग आरक्षण' से ही वे नाराज़ थे।

आरक्षण की तरह भूमि-सुधार कार्यक्रम भी केवल राजनीतिक और प्रशासनिक कार्य नहीं था। यह सामाजिक और सांस्कृतिक वर्चस्व को तोड़ना भी था, जिसके लिए दृढ़ इच्छा-शक्ति और दीर्घजीवी और मज़बूत सरकार चाहिए थी। कर्पूरी ठाकुर के पास दृढ़ इच्छा-शक्ति तो थी, पर बाक़ी दोनों चीज़ों का अभाव था। फिर भी बिहार पहला राज्य था, जहाँ उप-मुख्यमन्त्री रहते हुए कर्पूरी ठाकुर ने 1967 में मालगुजारी माफ़ कर दी। अपने दूसरे मुख्यमन्त्रित्व काल में यथाशक्ति भूमि का बँटवारा किया।

इसका प्रमाण उनके नेतृत्व में वित्त मन्त्री द्वारा 22 मार्च 1979 को सदन में रखा गया बजट है। वित्त मन्त्री ने अपने बजट भाषण में कहा था–"16 जुलाई 1977 से फ़रवरी 1979 तक 'भू-हदबन्दी अधिनियम' के अन्तर्गत 5,944 एकड़ भूमि का अर्जन किया गया। 16,470 एकड़ भूमि का वितरण हुआ, जिससे 16,736 परिवार लाभान्वित हुए। इस बीच आवंटियों के सम्बन्धित भूमि से बेदख़ल करने की सूचना भी प्राप्त हुई। इस अवधि तक 823 आवंटियों के सम्बन्ध में ऐसी सूचना मिली, जिसमें 870 को भूमि पर पुनः क़ब्ज़ा दिला दिया गया। ...जुलाई, 1977 से फ़रवरी, 1979 तक 30,787 एकड़ भूदान भूमि का वितरण किया गया, जिसमें 51,419 परिवार लाभान्वित हुए। जुलाई, 1977 से फ़रवरी, 1978 तक 18,064 परिवारों में 11,788 एकड़ सरकारी भूमि का वितरण किया गया। जुलाई, 1977 से फ़रवरी, 1979 तक 55,845 बासगीत पर्चे वितरित किये गये। इस अवधि में 12324 बटाईदारों के मामलों को निष्पादित किया गया। जुलाई, 1977 तक 4,489 एकड़ भूमि आदिवासियों को वापस करायी गयी। इसी अवधि में 7,320 गृहविहीनों को विकसित गृह-स्थल आवंटित किये गये।" ('विकासोन्मुख बिहार : बजट के आईने में' सूचना एवं प्रसारण विभाग, बिहार सरकार के हवाले से नरेन्द्र पाठक, कर्पूरी ठाकुर और समाजवाद, पृ.186)

आरक्षण की तरह अपने मुख्यमन्त्रित्व काल में भूमि-सुधार योजना को लागू न करने के लिए कर्पूरी ठाकुर की आलोचना की जाती है। इस बात में कुछ सच्चाई भी है और कुछ मजबूरी भी। गोरखपुर विश्वविद्यालय के प्रोफ़ेसर और उनके क़रीबी मित्र प्रो. उदयभान त्रिपाठी ने एक संस्मरण सुनाया था–"1980 में कर्पूरी जी जब एक चुनावी सभा में गोरखपुर आये, तो मेरे घर पर रुके। भोजन के बाद जब वे आराम कर रहे थे, तब मैंने अन्य बातों के अलावा भूमि-सुधार के बारे में भी पूछ लिया। मेरी इस बात पर वे तमतमाकर उठ बैठे। उन्होंने गम्भीर होकर कहा–'उदयभान जी, मैं जिस सरकार में मुख्यमन्त्री था, उस सरकार का हर एक मन्त्री कम-से-कम अपने आपको मुझसे ताक़तवर मानकर चल रहा था। मैं जिस मन्त्रिमण्डल की बैठक में भू-हदबन्दी का प्रस्ताव लाता, उस मन्त्रिमण्डल की बैठक के बाद मैं जीवित बाहर नहीं आता, मेरी लाश आती। और जानते हैं, उस

बैठक में जो पिछड़ी जाति के सामन्त थे, वही पहले मेरी हत्या करते। यदि मुझे ज़िन्दा रहक़र ग़रीब और कमज़ोर जातियों के लिए कुछ करना था, तो उस प्रस्ताव को अभी ठण्डे बस्ते में ही पड़े रहने देने में मेरी और दलित-पिछड़ों की भलाई थी। मुझे ख़ून का घूँट पीकर रह जाना पड़ता है, जब ग़रीबों पर अत्याचार होता है और वह अत्याचार अगड़ी जाति के सामन्तों से पहले पिछड़ी जाति के सामन्तों द्वारा होता है। मैं उस दिन के इन्तजार में हूँ, जब ये कमज़ोर जातियाँ संगठित होकर सामन्तों के जुल्म के एक-एक पल का हिसाब माँगेंगे, तब बड़े भू-धारी लोग, जो ग़रीबों का हक़ मारकर पटना, राँची और दिल्ली में महल खड़ा किये हैं–ख़ुद भाग जायेंगे। उदयभान जी, पता नहीं वह दिन कब आयेगा? मैं दिन-रात इसी सोच में डूबा रहता हूँ।" (वही, पृ.185)

बेलछी हत्याकाण्ड

कर्पूरी ठाकुर के मुख्यमन्त्रित्व काल में ही इतिहास प्रसिद्ध बेलछी का नृशंस नर-संहार हुआ था, जिसे देखने के लिए इन्दिरा गांधी भी आयी थीं। बीबीसी, लन्दन सहित देश और दुनिया की तमाम समाचार एजेंसियाँ यहाँ उतर आयी थीं। आपातकाल के बाद देश में जनता दल की सरकार बनी थी। मोराजी देसाई प्रधानमन्त्री थे और चौधरी चरण सिंह गृहमन्त्री। इसकी ज़ोरदार गूँज बिहार विधानसभा से लेकर देश की संसद तक सुनायी पड़ी थी। लोकसभा और राज्यसभा दोनों में कई दिनों तक हंगामा होता रहा। यह घटना 27 मई 1977 को घटी थी। सुबह क़रीब 11 बजे महावीर महतो (कुर्मी जाति) के गिरोह ने हरिजन सिंघवा (दुसाध) के लोगों के ऊपर अचानक हमला कर दिया। हरिवंश जो उस समय पत्रकार थे और बाद में राज्यसभा के सदस्य और सभापति बने, ने घटना पर एक विस्तृत रिपोर्ट छापी थी। हरिवंश के अनुसार–"सुबह 11 बजे से शाम 5 बजे तक गोलियाँ चलती रहीं। सिंघवा के लोगों ने रोहन महतो (कुर्मी) के घर में शरण लीं। महावीर महतो और उसके लोगों ने समझौते के बहाने सिंघवा और उसके साथियों को धोखा देकर घर से बाहर निकाला। उनके हाथ पीछे बाँध दिये। उन्हें जुलूस में गाँव से बाहर निकाला और 400 लोगों के सामने उन्हें गोलियों से भून दिया। आस-पास से जलावन और घास-फूँस, लकड़ी आदि लाकर उन पर डाल

दिया गया। फिर आग लगा दी गयी। 14 साल के एक बच्चे राजाराम ने आग से बाहर निकलने की कोशिश की, तो उसे फिर से पकड़कर आग में झोंक दिया गया। अपने घर में शरण देनेवाले रोहन महतो को कुर्मी होने के कारण छोड़ दिया गया, अन्यथा उसके घर को भी फूँक दिया जाता और उन्हें मार दिया जाता।" दिन-भर लड़ाई होती रही और पुलिस को भनक तक नहीं मिली अथवा पुलिस जानकर भी अनजान बनी रही।

बेलछी कहने के लिए तो पटने ज़िले का गाँव है, किन्तु यह नालन्दा (हरनौत) के क़रीब है, जो बिहार के वर्तमान मुख्यमन्त्री नीतीश कुमार का गृहक्षेत्र और चुनाव क्षेत्र है। यह राजधानी पटना से 70 किलोमीटर दूर है। कहने के लिए बिहार में कुर्मी जाति पिछड़ा वर्ग में आती है, पर नालन्दा के अवधिया कुर्मियों की हैसियत अगड़ी जाति से कम नहीं है। वे अपने को क्षत्रिय समझते हैं और उनकी शादियाँ भी अक्सर राजपूतों में होती हैं। उनकी परम्परा ज़मींदार, सामन्त और दबंगों की रही है। महावीर महतो भी इसी जाति का दबंग था। वह एक गिरोह चलाता था और कमज़ोर लोगों की ज़मीन और फ़सलें लूटता था। दुसाध जाति भी बहादुर जाति होती है, किन्तु वह ग़रीब होती है। सिंघवा भी इसी जाति का था। वह मज़बूत क़द-काठी का था और लूटपाट में विश्वास रखता था। लेकिन वह बेलछी का मूल निवासी नहीं था। उसका घर नालन्दा था और बेलछी वह ससुराल में ही आकर बस गया था। अपराधी क़िस्म का होने के कारण वह महावीर महतो के गिरोह में शामिल हो गया। किन्तु महावीर महतो जब ज़्यादा हरिजनों और कमज़ोर वर्गों की ही ज़मीन और फ़सल लूटने लगा, तो उसने विरोध किया और दुसाधों का अपना एक अलग गिरोह बना लिया। कुछ दिन पहले महावीर महतो गिरोह का एक आदमी मारा गया था, जिसकी लाश 14 दिनों के बाद मिली। उसने हत्या का आरोप सिंघवा गिरोह पर लगाया और इसी का बदला लेने के लिए उसने उस दिन का नृशंस नर-संहार किया। महावीर महतो दबंग किसान था और सिंघवा और उसके लोग मज़दूर, जिनके पास थोड़ी-सी ज़मीन थी। वे बटाईदारी पर खेती करते थे और दूसरे के खेतों में मज़दूरी भी। कर्पूरी ठाकुर से सवर्ण सामन्तों के साथ-साथ पिछड़े वर्ग के ज़मींदार और सामन्त भी मन-ही-मन नाराज़ रहते थे। सम्भव है उनकी सरकार को बदनाम करने के लिए सामन्तों ने इस काण्ड को बढ़ावा दिया हो।

सच्चाई कुछ भी हो, इस काण्ड पर कर्पूरी ठाकुर ने ऐसा कड़ा एक्शन लिया, जो इतिहास बन गया। मुख्य अभियुक्त और हत्यारे महावीर महतो और उसके साथी परशुराम धानुक को फाँसी की सज़ा हुई और शेष 14 अभियुक्तों को आजीवन कारावास। देश का यह पहला काण्ड था, जिसमें न्यायाधीश ने ख़ुद घटना-स्थल पर जाकर जाँच की थी। बीबीसी लन्दन (bbc.com) के अनुसार–"बेलछी हत्याकाण्ड में न्याय का फ़ैसला करनेवाले न्यायाधीश उदय सिन्हा अधिवक़्ताओं के साथ मौक़ा-ए-वारदात पर ख़ुद गये थे और घटनास्थल पर जाकर इसकी पड़ताल की थी।" मामला सुप्रीम कोर्ट तक गया। एकल बेंच ने स्टे लगा दिया था; किन्तु मुख्य न्यायाधीश वाई. वी. चन्द्रचूड़ (सर्वोच्च न्यायालय के वर्तमान मुख्य न्यायाधीश डी. वाई. चन्द्रचूड़ के पिता) की तीन सदस्यीय पीठ ने फाँसी की सज़ा बरकरार रखी। इसकी जाँच के लिए केन्द्र सरकार ने भी उत्तर प्रदेश के प्रसिद्ध स्वतन्त्रता सेनानी, सांसद और दलित नेता रामधन के नेतृत्व में 8 सदस्यीय समिति का गठन किया था, जिसमें रामविलास पासवान भी सदस्य थे। समिति ने दलगत भावना से ऊपर उठकर निष्पक्ष जाँच की थी और जल्द ही अपनी रिपोर्ट दे दी थी। सरकार की ओर से मारे गये लोगों के परिवार को प्रति मृतक 5000 रुपये और प्रति परिवार दो एकड़ ज़मीन दी गयी। क्षेत्र के सभी पुलिस पदाधिकारी, दारोगा और सिपाहियों को या तो निलम्बित कर दिया गया या बर्ख़ास्त या स्थानान्तरित। महावीर महतो और उसके साथी परशुराम धानुक को भागलपुर सेंट्रल जेल में फाँसी दे दी गयी। "बेलछी हत्याकाण्ड के एकमात्र जीवित मुद्दई और प्रत्यक्षदर्शी 81 वर्षीय जानकी पासवान बताते हैं–'मामला मतभेद का था कि हम बड़े कि तुम बड़े। खेत के पटवन और एक कट्ठा ज़मीन को लेकर विवाद शुरू हुआ। गोहार (बाहरी लोग) बुला लिये गये। लोगों को भागने का मौक़ा नहीं मिला। घेरकर मार दिया गया। महावीर महतो (मुख्य अभियुक्त) ने सोचा कि ताक़त से ज़मीन ले लेंगे।" (वही)

इस घटना के पहले और बाद में बिहार और देश के अन्य हिस्सों में दलित-पिछड़ों और कमज़ोर वर्ग की सामूहिक हत्या और अत्याचार की अनेक घटनाएँ हुईं। इनमें प्रसिद्ध हत्याकाण्ड हैं–मद्रास के 'किलवेणि' (1968), आन्ध्र प्रदेश के 'टिसुन्दर' (1991), बिहार के 'बथानी टोला'

(1996), 'लक्ष्मणपुर-बाथे' (1997), 'शंकर बिगहा' (1999), बम्बई के 'रमाबाई नगर' (1997), हरियाणा के 'झज्झर' (2002), महाराष्ट्र के 'ख़ैरलांजी' (2006) आदि। इनमें शायद ही किसी अभियुक्त को सज़ा मिली हो। बेलछी काण्ड में अभियुक्तों को जो सज़ा मिली, आज़ाद भारत में किसी काण्ड में ऐसी सज़ा नहीं मिली थीं। बेलछी को छोड़कर बिहार के सभी हत्याकाण्डों में साक्ष्य के अभाव में अभियुक्त बरी हो गये। देश के अन्य भागों में भी लगभग ऐसा ही हुआ था। अधिकांश मामलों में सरकारी गवाहों के पलटने और न्यायालयों में सामन्ती पैरवी और दबाव के कारण न्याय में विलम्ब होने से अभियुक्त बरी हो गये। बेलछी की कड़ी सज़ा और उचित मुआवज़ा कर्पूरी जी की ईमानदारी और कड़ाई के कारण ही सम्भव हुआ था। यह त्वरि न्याय था।

'बेलछी काण्ड' पर बोलते हुए कर्पूरी ठाकुर ने बिहार विधानसभा में कहा था–"अध्यक्ष महोदय, बेलछी काण्ड के सम्बन्ध में काफ़ी चिन्ता सदन में व्यक्त की गयी है। केवल सदन में ही नहीं, बल्कि लोकसभा और राज्यसभा में भी। इस सम्बन्ध में मैं अभी ज़्यादा कुछ नहीं कहना चाहता हूँ। ध्यानाकर्षण प्रस्ताव पर जब सरकार जवाब देगी, तो उस वक़्त सरकार पूर्ण प्रकाश डालेगी और वक्तव्य देगी। ...इस मामले में 29 व्यक्तियों के विरुद्ध न्यायालय के समक्ष आरोप पत्र समर्पित किये जा चुके हैं। इनमें 23 व्यक्तियों को गिरफ़्तार कर जेल में भेज दिया गया है। शेष 6 व्यक्तियों की गिरफ़्तारी के लिए सभी प्रकार के प्रयास जारी हैं। दो प्रमुख फरार अभियुक्तों के लिए–जो उसके संचालक थे, उनकी गिरफ़्तारी कि लिए 2500 रुपये प्रति व्यक्ति पुरस्कार देने की घोषणा की गयी है। बाढ़ और सकसोहरा के सभी पुलिस अधिकारियों को निलम्बित किया जा चुका है। ...11 मृत व्यक्ति के परिवारों की उनकी दयनीय आर्थिक स्थिति के मद्‌देनज़र मुख्यमन्त्री सहायता कोष से 5 हज़ार रुपया प्रति मृत व्यक्ति अनुदान स्वीकृत किया चुका है। इसके अतिरिक्त इन परिवारों को कुछ अन्य अतिरिक्त रक़म और गल्ला आदि की सहायता भी दी जा रही है। ...इस घटना की पृष्ठभूमि में गम्भीर रूप से जाँच करने के लिए आयुक्त, पटना प्रमण्डल एवं क्षेत्रीय आरक्षी उप-महानिरीक्षक को आदेश दिया गया है। पटना और नालन्दा दोनों ज़िलों के आरक्षी अधीक्षक को सक्रिय और

तैनात कर दिया गया है। इस क्षेत्र में जनता के भय और आतंक को दूर करने के लिए बेलछी ग्राम में एक आरक्षी चौकी स्थापित कर दी गयी है इस क्षेत्र में सशस्त्र आरक्षी द्वारा गश्ती की भी व्यवस्था की गयी है। बाढ़ अनुमण्डल में हरिजन एस.पी. को पदस्थापित कर दिया गया है। मैं इस अवसर पर सदन को आश्वस्त करना चाहता हूँ कि सरकार की तरफ़ से पूरी कोशिश होगी और सख़्त-से-सख़्त कार्रवाई की जायेगी। इसमें अगर किसी भी पदाधिकारी या सिविल सर्वेन्ट की ओर से कोई नरमी बरती जायेगी, तो हम किसी को नहीं छोड़ेंगे।" (मुख्यमन्त्री कर्पूरी ठाकुर का भाषण, बिहार विधानसभा की दिनांक 5 जुलाई, 1977 की कार्यवाही, परिषद् साक्ष्य, फ़रवरी, 2014, पृष्ठ 160-61)

बीबीसी हिन्दी वेब पोर्टल के अनुसार–"दलितों के ख़िलाफ़ हिंसा के इतिहास में ज़्यादातर मामलों में न्याय प्रणाली इन वारदातों में जाति को हिंसा का आधार बताने में कतराती रही और वो साबित भी हो गया, तो सबूतों के अभाव में कोई गुनहगार साबित नहीं हुआ। बिहार में 'बेलछी हत्याकाण्ड' इस हिसाब से ऐतिहासिक मामला है। भारत के इतिहास में आज तक ऐसा नहीं हुआ है, जो बेलछी हत्याकाण्ड में हुआ। हाल में छपी किताब 'कास्ट प्राइड–बैटल्स फॉर इक्वालिटी इन हिन्दू इंडिया' के अनुसार 'बेलछी' पहला और अब तक का इकलौता मामला है, जिसमें दलित हत्या के मुजरिम को फ़ाँसी की सज़ा हुई।" (बेलछी से लौटकर, बीबीसी हिन्दी के लिए, आलेख–विष्णु नारायण, दिनांक 26 अगस्त 2023) इस प्रकार कर्पूरी ठाकुर के समय 'बेलछी' जैसा हृदयविदारक हत्याकाण्ड हुआ ज़रूर, लेकिन उस पर ऐसी कड़ी कार्रवाई की गयी कि अगले 15-20 वर्षों तक बिहार में फिर वैसा काण्ड करने की किसी की हिम्मत नहीं हुई।

सामाजिक न्याय के योद्धा

कर्पूरी ठाकुर आधुनिक युग के मुल्ला नसीरूद्दीन थे। राजा होकर भी टोपी सीकर गुज़ारा करनेवाले! बेटे को मुख्यमन्त्री बन जाने से उनके माता-पिता और परिजन को क्या मिला? सवाल पूछा जा सकता है। क्योंकि उनके मुख्यमन्त्रित्व काल में भी पिता गाँव में अपना पुश्तैनी पेशा करके परिवार का भरण-पोषण करते थे, ज़मींदार और गृहस्थों के घर जाकर दाढ़ी-बाल

काटा करते थे। पेशा कोई बुरी चीज़ नहीं है, बुरा है पेशे से जुड़ी जातिगत हीनताबोध और मानसिकता। कठिन श्रम और पुश्तैनी पेशे करनेवाली प्राय: सभी जातियाँ हीन समझी गयीं अथवा उनके पेशे ने उन्हें हीन बना दिया। मुर्दों को जलाने, मल-मूत्र सहित नाली और गली-मुहल्लों को साफ़ करने जैसे गन्दे काम करनेवाले समाज में सबसे हीन और छोटी जाति का माना गया। उसी प्रकार प्रसव कराने, मरे हुए मवेशियों को खालने, उसकी खाल से जूते बनानेवाले चमड़े के कर्मकारों को हीन माना गया। कपड़े धोनेवाले, छौरकर्म (दाढ़ी-बाल-नाख़ून काटना) करनेवाले आदि सभी की जातियाँ छोटी और हीन समझी गयीं और उनके साथ उसी हीनताबोध और मानसिकता के साथ व्यवहार किया गया। बल्कि शास्त्र-पुराणों में भी उनके कर्म और जातिहीनता को ईश्वरीय और विधिसम्मत बना दिया गया।

पेशे के साथ यदि सामाजिक समानता और सम्मान मिलते, तो इन जातियों की भी उन्नति होती। किन्तु ऐसा नहीं हुआ। इनका भरपूर सामन्ती शोषण हुआ। पग-पग पर इनके साथ सामाजिक अन्याय हुआ। इसीलिए इन जातियों में भी अपने पेशे और कर्म के प्रति हीनताबोध और असन्तोष समा गया। वे अपने पेशे छोड़कर कोई सम्माजनक काम करना चाहते थे। किन्तु शिक्षा और संसाधन के बिना यह सम्भव नहीं था। इसीलिए मजबूरी में अपमान सहक़र भी, रोज़ी-रोटी के लिए वे अपने पेशे से जुड़े रहे। कर्पूरी ठाकुर का परिवार भी ऐसा ही पेशेवर परिवार था, जो सदियों से सामाजिक अन्याय और शोषण की चक्की में पिस रहा था। नवजागरण की अंग्रेज़ी शिक्षा और आज़ादी के सामाजिक आन्दोलन से इन जातियों में भी अपनी हीनताबोध से मुक्ति की चेतना आयी, उन्हें पढ़ने-लिखने और आगे बढ़ने का अवसर मिला। पर जब भी ऐसी प्रतिभाएँ आगे बढ़तीं, सामन्ती प्रवृत्तियाँ उनके मार्ग में बाधा बनकर खड़ी हो जातीं। आमतौर से दलित-पिछड़े समाज से आगे बढ़नेवाले प्रतिभावान बालकों को उनका अपना समाज और पढ़ा-लिखा उदारवादी समाज प्रोत्साहित करता था, किन्तु कट्टर सामन्तवादी समाज और लोग उनके मार्ग में बाधा बनकर खड़े हो जाते थे। कर्पूरी ठाकुर के मार्ग में भी ऐसी अनेक बाधाएँ आयीं। पग-पग पर उन्हें बाधा, रुकावट, धोखा और विश्वासघात का सामना करना पड़ा। पर एक योद्धा की तरह वे बहादुरी से सबका सामना करते हुए आगे बढ़ते चले

गये। जीवन-भर उन्होंने सामाजिक और सामन्ती अन्याय का सामना किया और जीत हासिल की। उन्होंने देश में सामाजिक न्याय का जो झण्डा गाड़ा, आज की राजनीति उसी बुनियाद पर खड़ी है। न्याय के साथ सामाजिक और आर्थिक विकास उनका मॉडल था, जिसका अनुकरण आज भी किया जा रहा है। लेकिन उनके साथ पग-पग पर सामाजिक अन्याय हुआ। अपने साथ हुए अन्याय को उन्होंने सहजता से लिया, किन्तु दूसरे के साथ जब भी ऐसा अन्याय हुआ, तो उन्होंने उसका कड़ा विरोध किया और आवश्यक कार्रवाई भी की।

वर्ष 1940 की एक घटना है, जब कर्पूरी जी ने मैट्रिक पास किया था। इस ख़ुशी में पिता गोकुल ठाकुर पुत्र कर्पूरी को अपने मुख्य यजमान गाँव के बड़े ज़मींदार एक बाबू साहेब के पास ले गये। ख़बर सुनकर उस सामन्ती ठाकुर को ख़ुशी नहीं हुई। उसने कहा–"अच्छा मैट्रिक पास कर गये हो, तो पैर दबाओ, तुम इसी के क़ाबिल हो।" और अपना पैर टेबुल पर फैला दिया। बे-मन से ही सही, बालक कर्पूरी को उस ज़मींदार का पैर दबाना पड़ा। इस प्रसंग को ख़ुद कर्पूरी ठाकुर ने एक बार अपने प्रधान सचिव यशवन्त सिन्हा (आज के क़द्दावर नेता और भारत सरकार के पूर्व मन्त्री) को बताया था, जब वे दूसरी बार मुख्यमन्त्री बने थे। वे सिन्हा साहब के साथ अकेले बैठे थे। उन्होंने चिन्तन की मुद्रा में अचानक सिन्हा साहेब से पूछ दिया– "आर्थिक और शैक्षणिक दृष्टिकोण से आगे बढ़ जाना, सरकारी नौकरी मिल जाना, इससे क्या यशवन्त बाबू, आप समझते हैं कि समाज में सम्मान मिल जाता है? जो वंचित वर्ग के लोग हैं, उनको इसी से सम्मान प्राप्त हो जाता है क्या? नहीं होता है।" उसके बाद उन्होंने अपने साथ घटी उक्त घटना का उदाहरण दिया। यशवन्त सिन्हा ने इस प्रसंग का वर्णन करते हुए लिखा है कि "यह है हमारा समाज। उस समय भी था, आज भी है। हमारे समाज के मन में कूड़ा भरा हुआ है और इसीलिए यह सिर्फ़ आर्थिक प्रश्न नहीं है। हमको सरकारी नौकरी मिल जाये, हम पढ़-लिख जायें, कुछ सम्पन्न हो जाये, उससे सम्मान नहीं मिलेगा। सम्मान तभी मिलेगा, जब हमारी मानसिकता में परिवर्तन होगा। जब हम वंचित वर्गों को वो इज़्ज़त देंगे, जो उनका सामाजिक-संवैधानिक अधिकार है।' (भारत रत्न कर्पूरी ठाकुर, हिन्दुस्तान वेब पोर्टल) गाँवों में नाई, कहार,

धोबी, लोहार, बढ़ई, कुम्हार आदि का काम बँधुआ मज़दूरों जैसा होता था। उन्हें यज्ञ-त्योहारों के अतिरिक्त भी समय-समय पर जब भी मालिक बुलावे, जाना पड़ता था। शादी-विवाह आदि में कभी-कभी छात्र कर्पूरी भी जाते थे। उनके साथ सामाजिक अन्याय की दूसरी घटना वर्ष 1970 की है, जब वे पहली बार बिहार के मुख्यमन्त्री बने थे। कर्पूरी ठाकुर के मुख्यमन्त्री बनने के बाद भी उनके पिता अपना पुश्तैनी पेशा करते रहे।

लेकिन उस दिन सामन्ती शोषण और अपमान की हद हो गयी, जिस दिन कर्पूरी ठाकुर बिहार के मुख्यमन्त्री बने। एक तरफ़ पूरे बिहार का ग़रीब-गुरबा अपने जननायक के मुख्यमन्त्री बनने की ख़ुशियाँ मना रहा था, वहीं दूसरी ओर गाँव का वह समान्तवादी ज़मींदार जला-भुना बैठा था। कल होकर कर्पूरी ठाकुर के घर पर भी ख़ुशियाँ मनायी जा रही थीं। लोग उनके यहाँ बधाइयाँ देने आ रहे थे। इसी बीच उस ज़मींदार ने जानबूझकर कर्पूरी ठाकुर के पिता को दाढ़ी-बाल बनाने के लिए बुला भेजा। पिता गोकुल ठाकुर लोगों की सेवा-सत्कार में व्यस्त थे, इसीलिए देरी हो गयी। उन्हें नौकरों द्वारा टाँगकर बुलवाया गया और डण्डे से पीटा गया। किसी ने इस घटना की सूचना ज़िला कलक्टर को दे दी। कलक्टर और एस.पी. ने आकर उस ज़मींदार को मार-पीटकर गिरफ़्तार कर लिया। इतने में पटना से कर्पूरी जी भी आ गये। किसी ने उन्हें भी ख़बर कर दी थी। कर्पूरी जी ने ज़मींदार को छुड़वा लिया। कलक्टर छोड़ने को राज़ी नहीं हो रहे थे। कहने लगे–'मैं आपकी बात नहीं मानूँगा। यह एक मुख्यमन्त्री के पिता के अपमान और प्रताड़ना का सवाल है।' कर्पूरी जी ने कहा–"मुख्यमन्त्री के पिता को तो छुड़ा लीजिएगा, पर ऐसे हज़ारों पिता रोज़ मार खाते हैं। किस-किस को छुड़ाइएगा? उनकी आदत गाली देने और मारने की है और हमारी आदत सहने और मार खाने की। आदत धीरे-धीरे छूटेगी।" सामन्ती शोषण के विरुद्ध यह गांधीवादी अस्त्र था, जिसका प्रयोग उन्हें गाँव-समाज में दुबारा नहीं करना पड़ा। ग़रीबों के विरुद्ध सामन्तों को फिर से जुल्म करने की हिम्मत नहीं हुई।

इस घटना का ज़िक्र कर्पूरी जी के निकटवर्ती मनोहर प्रसाद गुप्ता दूसरे ढंग से करते हैं। वे लिखते हैं कि "यह घटना 1970 की ही है, जब वे पहली बार मुख्यमन्त्री बने थे। उनके पिता गोकुल ठाकुर बीमार थे। दो-तीन

दिनों से उन्हें तेज़ बुख़ार आ रहा था। तभी उस ज़मींदार का बुलावा आ गया। गोकुल ठाकुर ने अपनी बीमारी का हवाला देकर जाने में असमर्थता दिखायी। ज़मींदार आग-बबूला हो गया। उसने हरकारे को फिर से भेजा और उसे ज़बरन लाने को कहा। कर्पूरी ठाकुर के पिताजी जब ज़मींदार की ड्योढ़ी पर पहुँचे, तो ज़मींदार ने उन्हें गालियाँ सुनाते हुए उनकी जमकर पिटाई कर दी। पिटाई से उनके हाथ की हड्डी टूट गयी। मुख्यमन्त्री के पिता के साथ घटी इस अमानवीय घटना से सरकारी महक़में में खलबली मच गयी। ज़मींदार को तुरत गिरफ़्तार कर हाजत में बन्द कर दिया गया। पिता गोकुल ठाकुर का प्राथमिक उपचार समस्तीपुर के सदर अस्पताल में हुआ। फिर इसकी सूचना मुख्यमन्त्री कर्पूरी ठाकुर के आप्त सचिव लक्ष्मी साहू को दी गयी। कर्पूरी ठाकुर को जब मालूम हुआ, तो उन्होंने अपने पिता को इलाज के लिए फ़ौरन पटना बुला लिया। फिर उन्होंने समस्तीपुर के ज़िलाधिकारी को उस ज़मींदार को छोड़ देने का अनुरोध किया। ज़िलाधिकारी ने असमर्थता दिखायी। कहा–'यह आपका नहीं, पूरे सूबे का अपमान है।' इस पर कर्पूरी ठाकुर ने कहा कि 'यह दबे-कुचल पिछड़े समाज के लिए कोई नयी बात नहीं है। हम लोग बचपन से ही ऐसी घटनाएँ देखते-सुनते और झेलते आये हैं। आदत धीरे-धीरे छूटेगी।' फिर अपने मुख्य सचिव से दबाव डलवाकर उस ज़मींदार को छुड़वा दिया। उस पर एक मुक़द्दमा तक नहीं चला।" (मुख्यमन्त्री के रूप में कर्पूरी ठाकुर', मनोहर प्र. गुप्ता के आलेख से) सबसे बड़ा सामाजिक अन्याय उस समय हुआ, जब 'पिछड़ा वर्ग आरक्षण' लागू करने के कारण 'जनसंघ' ने उनसे समर्थन वापस लेकर कर्पूरी जी की सरकार गिरा दी।

अन्तिम घटना वर्ष 1986-87 की है, जब वे नेता विरोधी दल थे। किन्तु उस समय के मुख्यमन्त्री बिन्देश्वरी दूबे और विधानसभा अध्यक्ष शिवचन्द्र झा को उनका तेवर बर्दाश्त नहीं हुआ और उन्होंने बहुमत रहते हुए भी कर्पूरी ठाकुर को नेता विरोधी दल के पद से हटाकर शिवनन्दन पासवान को कार्यकारी अध्यक्ष बना दिया। इसके लिए कर्पूरी जी ने राज्यपाल के यहाँ अपने विधायकों का पैरेड भी करवाया। पर विधानसभा अध्यक्ष ने कोई सुनवाई नहीं की। इस सम्बन्ध में उनके कट्टर विरोधी पूर्व मुख्यमन्त्री जगन्नाथ मिश्र ने भी कहा था कि कर्पूरी ठाकुर के साथ अन्याय हुआ था।

इसके लिए कर्पूरी जी हाई कोर्ट और सुप्रीम कोर्ट तक गये। किन्तु सुप्रीम कोर्ट का फ़ैसला आने तक वे इस दुनिया से जा चुके थे। जगन्नाथ मिश्र ने यह बात उनकी मृत्यु पर कही थी। उन्होंने कहा था कि "कर्पूरी जी के साथ किया गया यह व्यवहार हमारी राजनीतिक व्यवस्था का काला और दुखद पहलू रहा। ...यह सोचकर मुझे अब भी सिंहरन होती है कि संवैधानिक अर्हताओं को पूरा करनेवाला व्यक्ति भी एक व्यक्ति के पूर्वाग्रह के कारण अपने लिए निर्धारित पद पर नहीं पहुँच पाता है।" (जगन्नाथ मिश्र का आलेख उनके साथ अन्याय हुआ था) लेकिन जगन्नाथ मिश्र जब इस अन्याय को महसूस कर रहे थे, तो उस समय उन्होंने आवाज़ क्यों नहीं उठायी, जबकि वे सदन के सदस्य थे? कर्पूरी ठाकुर इस भेदभावपूर्ण अन्याय को समझ रहे थे। वे इसके विरुद्ध लड़ना चाहते थे और लड़ा भी। पर जीत से पहले ही वे इस दुनिया से विदा हो गये।

वैसे तो 1967 से ही कर्पूरी जी अपने भाषणों में जोतिबा फुले, पेरियार और अम्बेडकर का नाम लेने लगे थे। पर 1978 में जब 'पिछड़ा आरक्षण' के मुद्दे पर उनकी सरकार गिरी, तो वे बड़ी तेज़ी से उनके विचारों और कार्यों का अनुसरण करने लगे। यद्यपि उन्हें आरक्षण की प्रेरणा भारतीय संविधान और लोहिया से ही मिली थी, पर अब लोहियावादी व्याकरण भी उन्हें कहीं-न-कहीं कमज़ोर दिखने लगा था। अनेक अवसरों पर विशेषकर अम्बेडकर जयन्ती पर उनके द्वारा दिये गये भाषणों से ऐसे विचारों का पता चलता है। 90 के दशक में डॉ. राममनोहर लोहिया स्मारक महाविद्यालय, मुज़फ़्फ़रपुर में 'अम्बेडकर जयन्ती' के उद्‌घाटन के समय उन्होंने कहा था कि "जिस प्रकार अमेरिका में रंगभेद के ख़िलाफ़ मार्टिन लूथर किंग ने आवाज़ उठायी, काले नीग्रो एवं अमेरिकनों के लिए जीवन भर संघर्ष किया, उसी प्रकार डॉ. अम्बेडकर ने भारत में छुआछूत और दलित-पिछड़ों के अधिकारों के लिए जीवन भर संघर्ष किया। वे सच्चे देशभक्त थे। केवल राजनीतिक स्वतन्त्रता उनका लक्ष्य नहीं था, वे सामाजिक स्वतन्त्रता भी चाहते थे, जो अभी बाक़ी है। अम्बेडकर का सपना उसी दिन पूरा होगा, जिस दिन भारत में सामाजिक और आर्थिक स्वतन्त्रता स्थापित होगी।" (स्व. लक्ष्मी साहू, कर्पूरी जी के निजी सचिव)

कर्पूरी ठाकुर सामाजिक न्याय के योद्धा थे। उन्होंने समाज में जहाँ कहीं

अन्याय देखा, जूझ गये, भिड़ गये और उसे दूर करके ही रहे। वे ज़ात-पात, छुआछूत, तिलक-दहेज, बाल विवाह, नशाखोरी, धार्मिक और सामाजिक अन्धविश्वास आदि के घोर विरोधी थे। उन्होंने अपनी सरकार में इन पर प्रतिबन्ध लगाने की पूरी कोशिश की। नशाबन्दी की, तिलक-दहेज पर क़ानून बनाया और अन्तरजातीय विवाह करनेवाले दम्पति को नौकरी और इनाम देने की घोषणा की। उन्होंने इसे सबसे पहले अपने जीवन में उतारा, अपने किसी बेटे की शादी में दहेज नहीं लिया और न अपनी बेटी की शादी में दहेज दिया। इस सम्बन्ध में कर्पूरी जी के छोटे बेटे के बड़े साले मधेपुरा निवासी सुरेश कुमार बताते हैं–"दिनांक 8 जुलाई 1984 को जब मेरी बहन कनकलता की शादी उनके दूसरे बेटे डॉ. वीरेन्द्र से पटने के जैन धर्मशाला में हो रही थी, तो कर्पूरी जी पटने में नहीं थे। वे बम्बई (मुम्बई) में थे। वे शादी में शामिल नहीं हो सके। उन्होंने मेरे पिताजी को फ़ोन करके कहा कि दारोगाजी आप चिन्ता मत कीजिए। मेरी कमी को आप ही बाप बनकर पूरा कीजिए। ख़ाली ध्यान रखिएगा कि किसी भी क़ीमत पर दहेज नहीं देना है। यदि ऐसी जानकारी मिली, तो मुझे दुख होगा।"

सुरेश कुमार ने आगे बताया कि "शादी के कुछ दिनों बाद जब वे मधेपुरा के लक्ष्मीपुर मोहल्ला स्थित मेरे आवास (घर) पर आये, तो ख़बर सुनकर बहुत लोग जमा हो गये। उनके साथ भी मँगनी लाल मण्डल आदि अनेक पार्टी नेता थे। बड़े बेटे रामनाथ जी तो रहते ही थे। वे अक्सर बिना सूचना दिये ही आ जाते थे। अचानक इतने सारे लोगों के लिए चाय, नाश्ता आदि तैयार करना मुश्किल काम था। हमारी परेशानी को कर्पूरी जी भाँप गये। उन्होंने कहा कि 'जाइए, एक बोरा मुर्हीं (फरही) ले आइए। उसी में सभी लोग नाश्ता कर लेंगे। फिर खाना बनता रहेगा।' एक बोरी मुर्हीं आयी और काग़ज़ के टुकड़े पर सभी लोगों को नाश्ता बनाकर दिया गया। कर्पूरी जी ने भी वही नाश्ता किया। ऐसी थी उनकी सादगी और सामाजिक समानता का व्यवहार!"

जननायक कर्पूरी ठाकुर मछली ख़ूब खाते थे और रोहू का मूड़ा उन्हें पसन्द था। जब वे दूसरी बार मुख्यमन्त्री बने, तो एक गुमनाम-से पत्रकार गौरीशंकर नागदंश ने 'आर्यावर्त्त' अख़बार में कर्पूरी ठाकुर पर एक लम्बा लेख लिखा–'मुड़ी गाड़के मूड़ा खाये', जिसमें हँसी-मज़ाक़ में उनकी

विशेषताओं का वर्णन था। कर्पूरी जी ने अख़बार के सम्पादकीय विभाग से उस पत्रकार की खोज-ख़बर ली और उसे अपने पास बुलाया। उनके साथ गये मुजफ़्फ़रपुर के समाजवादी नेता और पर्यावरणविद् श्री सुरेश गुप्ता बताते हैं कि कर्पूरी जी ने उनके लेखन की प्रशंसा की और पूछा कि राजनीति में आना चाहते हैं? नागदंश जी उन दिनों मुजफ़्फ़रपुर में रहक़र ही एक छोटे-से प्रेस में काम करते थे। राजनीति में उनकी रुचि थी और राजनीतिक लेख भी लिखते थे। वे जयप्रकाश आन्दोलन में भी भाग ले चुके थे। उन्होंने हामी भर दी और और कर्पूरी जी की पार्टी 'लोक़दल' में शामिल हो गये। उनका घर हमारे मेजरगंज विधानसभा के बैरगनिया के पास एक गाँव में था। वह विधानसभा क्षेत्र सुरक्षित था और संयोग से नागदंश जी अनुसूचित (दुसाध) जाति के ही थे। इसीलिए उन्हें वहाँ से लोक़दल का टिकट दिया गया। किन्तु वे चुनाव हार गये। अगले चुनाव में उन्हें फिर से मेजरगंज का टिकट मिला और वे चुनाव जीत गये। उसके बाद उन्होंने दूसरे चुनाव में भी जीत दर्ज की। इस बीच कर्पूरी जी भी नहीं रहे। पर नागदंश राजनीति में सक्रिय रहे। उन्होंने शादी कर ली और पटना में अपना घर भी बना लिया। अब तो नागदंश जी भी नहीं हैं। वर्ष 2021 में उनका निधन हो गया। उन्होंने कर्पूरी जी से जीवन का गुर सीखा था। उन्हीं की तरह नागदंश जी का जीवन भी सादगीपूर्ण और स्वच्छ था। अपने कार्यकाल में उन्होंने अपने क्षेत्र में अनेक कार्य कराये। पत्रकार और राजनेता के साथ-साथ नागदंश जी एक अच्छे लेखक भी थे। उन्होंने कई पुस्तकें लिखीं। 'मेरे गाँव की नदी' उनकी चर्चित पुस्तक है, जिसमें उन्होंने 'बाग़मती' और 'लाल बकिया' का रोचक और ज्ञानवर्द्धक चित्रण किया है। कर्पूरी जी साहित्यप्रेमी राजनेता थे। वे अनेक साहित्यकारों को राजनीति में लाये।

नेता विरोधी दल के रूप में कर्पूरी ठाकुर

कर्पूरी ठाकुर देश के प्रथम चुनाव 1952 से लेकर जीवनपर्यन्त 1988 तक अधिकांश समय विरोधी दल के ही नेता रहे। बीच में 1967-68, '70-71 और '77-79 में भले ही उनकी सरकार रही हो, उनकी छवि नेता प्रतिपक्ष के रूप में ही बनी रही। वे सम्पूर्ण रूप से जुझारू और क्रान्तिकारी बने रहे। वे समाज में आमूल-चूल परिवर्तन चाहते थे। ग़रीबों का शोषण उनसे देखा नहीं जाता था। विरोधी दल के नेता के रूप में 30 जनवरी 1985 को बिहार विधानसभा में दिये गये उनके भाषण के अंश को रखकर उनका मूल्यांकन किया जा सकता है। 1985 के बिहार विधानसभा चुनाव प्रचार के दौरान व्यापक हिंसा, आगजनी और बूथलूट की घटनाएँ हुई थीं। अनेक लोग घायल हुए थे। कुछ मारे भी गये थे। कर्पूरी जी पर हिंसा फैलाने का आरोप लगा था।

कर्पूरी जी ने विधानसभा में बोलते हुए कहा था–"उन्होंने कहा है कि मैं हिसा भड़काने का काम करता हूँ। मुझे अत्यन्त आश्चर्य हुआ, बेहद तकलीफ़ भी हुई। मैं लम्बे ज़माने से सार्वजनिक जीवन में हूँ। सभी जानते हैं मैंने कभी भी हिंसा का सहारा नहीं लिया है। अपने सार्वजनिक जीवन में मैंने बम, पिस्तौल, रिवॉल्वर या बन्दूक़ का स्पर्श तक नहीं किया है। महात्मा गांधी, जिनका निधन आज ही के दिन 1948 में हुआ था, देश के लोगों को जहाँ एक ओर अहिंसा का पाठ पढ़ाते थे, वहीं दूसरी ओर बहादुरी का भी। (यद्यपि जीवन-भर अहिंसा का पाठ पढ़ानेवाले गांधीजी भी अन्त में

क्रूर हिंसा के शिकार हो गये, फिर भी) वे कहते थे कि अहिंसा का रास्ता सर्वश्रेष्ठ रास्ता है। साथ ही यह भी कहते थे कि हिंसा कायरता से बेहतर है। (लेकिन छुपकर या धोखा देकर की गयी हिंसा कायरता है।) मैं देखता हूँ कि वोट के समय जब बम, पिस्तौल, रिवॉल्वर वाले पहुँच जाते हैं–बूथों पर क़ब्ज़ा करने, तो कमज़ोर लोग भाग खड़े होते हैं। मैंने अपने भाषण में जनता से साफ़ कहा है कि आपको संगठित शक्ति से अहिंसक होकर लड़ना चाहिए। आप भागिये नहीं, लुटेरों से मुक़ाबला कीजिए। मैं इस बात को दोहराना चाहता हूँ। मैं नहीं चाहूँगा कि देश के लोग, ख़ासतौर से ग़रीब और कमज़ोर लोग अपने अधिकार से वंचित कर दिये जायें।

मेरे हाथ में 'क्रिमिनल एक्ट' किताब है। इसमें लिखा हुआ है कि हर नागरिक को आत्मरक्षा का अधिकार है। अगर हमारी जान लेने की कोई कोशिश करे, तो प्रत्येक नागरिक को अधिकार है कि हिंसा के द्वारा भी वह सामनेवाले को मार भगाये। अगर घर में डकैत आ जाये, तब डाकू को मार सकते हैं। इसके लिए ख़ून का मुक़दमा नहीं चलेगा, बल्कि दिल्ली सरकार और बिहार सरकार के द्वारा डकैतों को मारने की ख़ातिर इनाम भी मिलेगा। यहाँ 'राइट ऑफ़ सेल्फ डिफेन्स' है। यदि कोई लुटेरा वोट लूटने पहुँच जाता है, तो वोटरों का अधिकार है कि उसको मार भगाये। मैं क़ानून के तहत कहता हूँ। अगर सरकार समझे कि कर्पूरी ठाकुर ग़ैर-क़ानूनी काम कर रहा है, तो मुझको अदालत भेजें, मुक़दमा चलाये, मैं अदालत के सामने भी यही कहूँगा। बेगूसराय में सबसे ज़्यादा अवैध हथियार है। यूँ सारे बिहार में हैं। जो सज्जन हैं, उनके पास हथियार नहीं है और वे विपत्ति से घिरे हुए हैं। ऐसे रहते हैं, जैसे 32 दाँतों के बीच जीभ। ऐसे सज्जन लोग कैसे जियेंगे? प्रशासन निकम्मा है। उससे किसी के जान की हिफ़ाज़त नहीं हो सकती है। इसीलिए मैंने कहा है कि 'आर्म्स एक्ट' को रिपल (रद्द) कर दिया जाये। जिसके पास पैसा होगा हथियार ख़रीदेंगे और रजिस्ट्रेशन करा लेंगे। बहुत लड़ाई, आन्दोलन और संघर्ष के बाद ग़रीबों को मताधिकार मिला है। उसको छीना जा रहा है। ख़तरनाक स्थिति है। लूट का विरोध होगा, तभी जनतन्त्र बचेगा, नहीं तो जनतन्त्र जानेवाला है।" (बिहार विधानसभा की कार्यवाही से)

अपनी मृत्यु के लगभग तीन साल पूर्व 1985 के बिहार विधानसभा चुनाव के आस-पास सदन में दिया गया कर्पूरी जी का यह वक्तव्य उनके पूरे जीवन-संघर्ष का निचोड़ है। जन्म से लेकर जीवन पर्यन्त कर्पूरी जी को हमेशा संघर्ष ही करना पड़ा। अपने छात्र जीवन से ही उन्होंने सामन्ती शोषण और जुल्म के ख़िलाफ़ लड़ना और आवाज़ उठाना शुरू कर दिया था। आज़ादी के बाद 1952 का पहला आम चुनाव उन्होंने ज़मींदारी उन्मूलन के नारे के साथ ही लड़ा और जीता था। यद्यपि ज़मींदारी उन्मूलन के पक्ष में बिहार के भूमिहार नेता भी थे। इसीलिए मुख्यमन्त्री बनते ही श्रीकृष्ण सिंह ने ज़मींदारी उन्मूलन क़ानून पारित कर दिया, जो कई वर्षों तक किश्तों में लागू हुआ। अन्य सवर्ण नेता इसका विरोध कर रहे थे। लेकिन ज़मींदारी उन्मूलन के बाद भी ग़रीब-किसान मज़दूरों पर जुल्म कम नहीं हुए। जहाँ कहीं भी जुल्म होते, कर्पूरी जी वहाँ जाते, आन्दोलन करते और ग़रीबों को शोषण से मुक्त कराते। उनके क़रीबी रहे विधायक और विधान पार्षद गौतम सागर राणा ने एक संस्मरण लिखा है कि उनके छात्र जीवन में '74 के जे.पी. आन्दोलन के दौरान कर्पूरी जी हज़ारीबाग़ आये थे। "शाम की नुक्कड़ सभा में अहिंसा पर उनका भाषण हुआ। उन्होंने कहा कि सरकार यदि जनविरोधी और निरंकुश हो जाये, तो ऐसी परिस्थिति में सरकारी कार्य में बाधा डालना, पटरी उखाड़ना आदि अहिंसात्मक प्रतिकार के दायरे में आता है तथा यह सब कृत्य हिंसा से परे है।"

कर्पूरी जी अपने क्षेत्र से हमेशा चुनाव जीतते रहे, पर 1984 में इन्दिरा गांधी की हत्या के बाद कांग्रेस की सहानुभूति लहर में लोकसभा और फिर 1985 के विधानसभा चुनाव वे अपने क्षेत्र से हार गये थे, चुनावी धाँधली भी कम नहीं हुई थी। अक्सर उनके क्षेत्र में बूथ लूट की घटनाएँ नहीं होती थीं, पर इन चुनावों में वहाँ भी बूथ लूट की घटनाएँ हुईं। 1985 के विधानसभा चुनाव में तो हद ही हो गयी। देश में सर्वाधिक हिंसा और बूथलूट की घटनाएँ बिहार के इसी चुनाव में हुईं। चुनाव पूर्व और चुनाव के दिन हुई हिंसा में लगभग 70 लोग मारे गये। 5 चुनाव प्रत्यासियों की भी हत्या हो गयीं, जिनमें कांग्रेस का भी प्रत्याशी था। सैकड़ों लोग घायल हुए। इस बूथलूट और हिंसा की आशंका कर्पूरी जी को पहले से थी। इसीलिए

उन्होंने अपने समर्थकों को डटकर मुक़ाबला करने का सार्वजनिक आह्वान किया था। बिहार के तत्कालीन मुख्यमन्त्री चन्द्रशेखर प्र. सिंह ने उनके इस क्रान्तिकारी भाषण की कड़ी निन्दा की थी। कर्पूरी जी का उक्त वक्तव्य उसी का जवाब था। शोषण और हिंसा से रक्षा के लिए कर्पूरी जी शुरू से ही ग़रीबों को बन्दूक़ और उसका लाइसेंस देने की वकालत कर रहे थे। अपने मुख्यमन्त्रित्व काल में उन्होंने इसके लिए 400 सरकारी बन्दूक़ें भी ख़रीद ली थी। पर प्रस्ताव पारित नहीं हो सका।

विधान परिषद् के पूर्व सभापति और बिहार सरकार के पूर्व महाधिवक्ता ताराकान्त झा ने अपने संस्मरण में लिखा है कि "कर्पूरी जी से मेरा परिचय वर्षों का रहा। मैं उनके सामने जूनियर था। उन्हें राज्य सरकार ने जेल में डाल दिया।...उन पर जो आरोप लगाये गये थे, उनमें एक आरोप यह था कि श्री कर्पूरी जी ने बिहार सरकार के विरुद्ध एक निश्चित तिथि पर भाषण दिया था। कर्पूरी जी ने अपना उत्तर समिति के समक्ष भेजा था। उसमें उन्होंने कहा था कि वे उस दिन जेल में थे, अत: भाषण करने का आरोप मिथ्या है। सर्वोच्च न्यायालय ने अपने फ़ैसले में कहा था कि यदि एक भी आरोप असत्य पाया जाता है, तो मुजरिम को जेल में नहीं रखा जा सकता है। मैं उन दिनों बिहार का महाधिवक्ता था। मैंने मुख्य सचिव को बुलाकर कहा कि कर्पूरी जी को जेल में नहीं डाला जा सकता है, क्योंकि एक आरोप असत्य है। सरकार ने खण्डन नहीं किया। कर्पूरी जी का जब केस खुला, तो मैंने न्यायालय से कहा–चूँकि एक आरोप असत्य पाया गया है, इसीलिए कर्पूरी जी को मुक्त किया जाये। कर्पूरी जी मेरे पीछे-पीछे मेरे चैम्बर तक आ गये। उन्होंने मुझसे पूछा कि क्या सरकार का वकील न्यायालय से मुक्त करने के लिए कह सकता है? मैंने कहा–हाँ, क्योंकि महाधिवक्ता सरकार का नहीं, राज्य का वकील होता है।...तब से वे जब तक मुख्यमन्त्री रहे, उन्होंने मुझे महाधिवक्ता पद से नहीं हटाया। बहुत दिनों के बाद जब उन पर दबाव पड़ा, तो मेरी सहमति से मुझे हटाया गया।' (परिषद् साक्ष्य, पृष्ठ 210-11)

कर्पूरी ठाकुर भले ही सूबे के मुख्यमन्त्री ही क्यों न रहे हों, उनकी छवि विरोधी दल के नेता के रूप में ही बरकरार रही। वक्ता ऐसे कि बड़े-बड़े विद्वानों की भी उनके सामने घिग्गियाँ बँध जाती थीं। यदि कर्पूरी

जी के भाषणों का ही संकलन किया जाये, तो हज़ारों-हज़ार पृष्ठों का विश्वकोश बन जायेगा। अपने ही दल के प्रधानमन्त्री से भी उन्हें लड़ना पड़ा था। नेता विरोधी दल के रूप में उन्होंने हर ज्वलन्त मुद्दों पर सवाल उठाये और सरकार से उसके समाधान की माँग की। उन्होंने लगभग सदन के प्रत्येक सत्र में ध्यानाकर्षण, संशोधन और स्थगन प्रस्ताव पेश किये, जिसमें अधिकांश पर कार्रवाई हुई। उनके प्रमुख ध्यानाकर्षण, संशोधन और स्थगन प्रस्तावों में प्रमुख हैं–1979-80 में पुलिस द्वारा भागलपुर में हुए अँखफोड़वा काण्ड पर स्थगन प्रस्ताव–पुलिस ने भागलपुर में जाँच के बहाने 33 व्यक्तियों की आँखों में तेज़ाब डालकर उन्हें अन्धा कर दिया था। इसकी गूँज विधानसभा से लोकसभा और मानवाधिकार तक सुनायी पड़ी थी। बाद में सुप्रीम कोर्ट के निर्णय के अनुसार भुक्तभोगियों को मुआवज़े दिये गये। सबसे पहले कर्पूरी ठाकुर ने इसे बिहार विधानसभा में ज़ोरदार तरीक़े से उठाया और अधिकारी सहित तमाम पुलिसकर्मियों को बर्ख़ास्त करने और मुआवज़ा देने की माँग की। अधिकारी और पुलिसकर्मियों को भागलपुर से स्थानान्तरित कर दिया गया। बिहार में बस ड्राइवरों की हड़ताल, जेल में गोलीकाण्ड आदि अनेक मामलों पर कर्पूरी जी ने सदन में स्थगन प्रस्ताव दिया था।

कर्पूरी ठाकुर द्वारा 2 जुलाई 1980 को दिये गये संशोधन प्रस्तावों में बिहार में ख़राब विधि-व्यवस्था, पिछले चुनावों की धाँधली, पटना ज़िले के पुनपुन थाने में सामन्तों द्वारा 14 हरिजनों (अछूत दलितों) के घर जलाने एवं उन्हें जलाकर मार दिये जाने की घटना, कमज़ोर वर्ग के लोगों को सुरक्षा दिये जाने की आवश्यकता, भूमिहीन मज़दूरों को ज़मीन और घर देने, पंचायती राज की स्थापना, आदि प्रमुख हैं। जून, 1980 में बिहारशरीफ में हुए दंगों को रोकने में सरकार की विफलता और जान-माल के नुक़सान, पर स्थगन प्रस्ताव, 22 मार्च 1982 के संशोधन प्रस्ताव में सीतामढ़ी के रीगा चीनी मिल के मैनेजर की ज़्यादती एवं किसानों पर गोली चलाये जाने एवं किसानों के मारे जाने की घटना पर तत्काल कार्रवाई, गन्ना उत्पादकों के गन्ने का मूल्य बढ़ाने, 19 मार्च 1982 को बिहार के प्रदर्शन में छात्र-नौजवानों पर हुए लाठी चार्ज, विश्वविद्यालयों की दयनीय स्थिति आदि ऐसे

सैकड़ों मुद्दे हैं, जिन पर कर्पूरी जी ने सरकार का ध्यान आकृष्ट करते हुए कार्रवाई की माँग की थी। इसके अलावा 1952 से लेकर मृत्युपर्यन्त 1988 तक कर्पूरी जी द्वारा बिहार विधानसभा में दिये गये सैकड़ों संशोधन, स्थगन और ध्यानाकर्षण प्रस्ताव हैं, जिनसे विधानसभा की कार्यवाही पंजी के हज़ारों पृष्ठ भरे पड़े हैं।

2 अप्रैल, 1962 को राज्यपाल के अभिभाषण के दौरान कर्पूरी जी ने सदन में 'जातिवाद' के विरोध में बोलते हुए कहा था—"अध्यक्ष महोदय, 1957 के चुनाव के बाद मैंने सदन में बोलते हुए कहा था कि चुनाव में जब श्री महेश प्रसाद सिंह की मुज़फ़्फ़रपुर से पराजय हुई, तो वहाँ नारा लगा—'भगवान तेरे राज्य से भूमिहार जा रहा है / युवराज के वियोग में महाराज जा रहा है।' इसी प्रकार 1957 में कृष्ण वल्लभ सहाय की पराजय के बाद पटना में नारा लगा था—'सहाय का जनाज़ा जरा झूम के निकले / कदमकुआँ की गलियों को जरा चूम के निकले।' इस बार 1962 में जब महेश प्रसाद सिंह सकरा से जीते हैं, तो मुज़फ़्फ़रपुर में नारा लगा— 'टाउन का बदला सकरा से / '57 का बदला '62 से / कायस्थ का बदला कोइरी से / यह बारात कहाँ जा रही है? / मंजय लाल के दरवाजे पर।' जब नेता के चुनाव में विनोदानन्द झा की जीत हुई, तो मुज़फ़्फ़रपुर में नारा लगा—'भूमिहार राज्य नहीं चलेगा, नहीं चलेगा / वीर विनोद जिन्दाबाद! वीर सत्येन्द्र जिन्दाबाद! यह बारात कहाँ जा रही है? महेश बाबू के दरवाजे पर।' मैं आपसे पूछता हूँ यह क्या हो रहा है? यदि जातिवाद का यही सिलसिला चलता रहा, तो बिहार बचनेवाला नहीं है।" (कर्पूरी ठाकुर, सदन की कार्यवाही से) कर्पूरी जी के मन्त्रिमण्डल में स्वास्थ्य मन्त्री रहे वयोवृद्ध समाजसेवी, लेखक और सम्पादक प्रो. जाबिर हुसैन ने दो मार्मिक संस्मरण सुनाये। पहली घटना वर्ष 1987 की है, जब कर्पूरी जी नेता विरोधी दल थे। कर्पूरी जी के बरामदे के नीचे मैली-कुचैली साड़ी में बैठी एक औरत जार-बेजार रो रही थी। कर्पूरी जी से मिलने आये लोग उसे देखकर नाक-भौं सिकोड़ रहे थे। चमचमाती कार से उतरा एक बाबूनुमा व्यक्ति उसके हाथ में दस रुपये का नोट थमा दिया कि वह चुप हो जाये। किन्तु उसने उस नोट को मचोड़कर उस व्यक्ति के ऊपर फेंक दिया। वह व्यक्ति आग-बबूला हो गया और महिला को भला-बुरा कहने लगा। इतने में कर्पूरी जी कमरे

से बाहर निकले और उस औरत के पास चले गये। औरत ने उनका पैर पकड़ लिया और रो-रोकर उसने जो सुनाया, उसका सारांश यह था कि वह बख्तियारपुर की नीच जाति की एक गरीब विधवा देवकली देवी है। उसका पति कहीं पुलिस का सिपाही था। बैंक डकैती का मुकाबला करते हुए मारा गया था। उसने मजदूरी करके अपने एकलौते बेटे रामसकल को पढ़ाया-लिखाया था। वह पढ़ने में तेज है। वह इस बार मेडिकल टेस्ट परीक्षा में पास कर गया। किन्तु गाँव के जमीन्दार बाबू हरजिन्दर सिंह का बेटा गोपाल फेल कर गया। इसी ईर्ष्या के कारण जमीन्दार ने डकैती का झूठा आरोप लगाकर मेरे बेटे को जेल में बन्द करवा दिया है। पुलिस ने मेरे पैसे भी जब्त कर लिये। उसे नाम लिखवाने जाना था। अब आप ही मालिक हैं। किसी तरह उसकी जान बच जाये। कर्पूरी जी ने उसे बरामदे में बैठाया और खुद ही कागज लेकर उसका दरख्वास्त लिखने लगे। आवेदन पूरा करके कर्पूरी जी ने बरामदे में बैठे लोंगों को कहा कि आज आपलोग जाइए। कल आइएगा। आज मुझे देवकली के बेटे की जमानत करानी है और दाखिला भी करवाना है। इतना कहकर वे उस महिला के साथ चल पड़े। उसकी जमानत भी हुई और नाम भी लिखाया।

दूसरी घटना फरवरी, 1988 की है। उन्होंने मुझे फोन किया कि कड़े विरोध के बावजूद बड़हिया टाल पाली गाँव का कार्यक्रम ज्यों-का-त्यों रहेगा। कर्पूरी जी के संरक्षण में प्रो. जाबिर हुसैन ने 'जन-संघर्ष समिति' का गठन किया था, जिसके बैनर तले गरीबों पर हो रहे जुल्म और अत्याचार की लड़ाई लड़ी जाती थी। हरोहर नदी में गरीब मल्लाह मछलियाँ मारकर अपना गुजारा करते थे। उन पर भू-सामन्तों का आतंक था। जनवरी '88 में उनके गुण्डों ने 5 जवान मल्लाहों का अपहरण कर उनकी हत्या कर डाली। इसके पूर्व 1985 में भी उसी क्षेत्र में 14 जवान लड़कों की हत्या कर उनकी लाश को बोटी-बोटी काटकर नदी में बहा दिया था। उनमें से एक लड़का किसी तरह भाग निकला और कर्पूरी ठाकुर के पास आकर इस जघन्य घटना की सूचना दे दी। डरे-सहमे कुछ और लड़के आ गये और सभी कर्पूरी जी के आवास में रहने लगे। नेता विरोधी दल होते हुए भी कर्पूरी जी ने क्षेत्र का दौरा किया था और इस घटना पर कड़ी कानूनी कार्रवाई करवायी थी। पाली गाँव वाली दूसरी घटना पर कर्पूरी जी ने फरवरी माह

के अन्तिम सप्ताह में 'पाली जुल्म मिटाओ सम्मेलन' की घोषणा कर दी। सामन्तों ने इस सम्मेलन के नाम पर एतराज किया। लेकिन कर्पूरी जी ने उसका नाम नहीं बदला। यही सूचना देने के लिए कर्पूरी जी ने जाबिर साहब को फोन किया था। किन्तु उस सम्मेलन के पूर्व ही 17 फरवरी 1988 को कर्पूरी जी का अचानक हृदय गति रुकने से निधन हो गया। बावजूद इसके जाबीर साहब के नेतृत्व में निर्धारित तिथि को वह सम्मेलन हुआ। कड़ी कार्रवाई हुई। बीसियों लोग जेल गये। यह था आज़ाद भारत का भू-सामन्तवाद, जिसके खिलाफ कर्पूरी ठाकुर ने जीवन-भर संघर्ष किया।

मूल्यांकन

कर्पूरी ठाकुर एक बार उप मुख्यमन्त्री, शिक्षा और वित्त मन्त्री (05-03-67 से 31-1-68), दो बार मुख्यमन्त्री (दिसम्बर, 1970 से जून, 1971 और जून, 1977 से अप्रैल, 1979) और कई बार नेता विरोधी दल बने। कर्पूरी जी के संघर्ष को तीन भागों में बाँटा जा सकता है–(1) आज़ादी के पूर्व 1942 से लेकर 1951 तक (2) 1951 के बाद देशी सरकार की नीतियों के ख़िलाफ़ और (3) जयप्रकाश आन्दोलन (1974) से लेकर अन्तिम समय (1988) तक। इस बीच उनके उल्लेखनीय कार्यों में बिहार के ज़मींदारों के ख़िलाफ़ संघर्ष, अलाभकर जोतों पर से मालगुजारी माफ़ तथा भूमि-सुधार, मैट्रिक तक की निःशुल्क शिक्षा, बिहार में सबसे पहले अन्त्योदय योजना को लागू करना, पंचायती राज को सख़्ती से लागू करते हुए पंचायत चुनाव कराना, सरकारी नौकरियों में पिछड़ा वर्ग आरक्षण लागू करना, जाति-व्यवस्था के खात्मे के लिए अन्तरजातीय विवाह को प्रोत्साहन, शराबबन्दी और भ्रष्टाचार के विरुद्ध क़ानून आदि हैं।

यह कटु सत्य है कि कर्पूरी जी को ग़ुलाम भारत ने जितनी बड़ी सज़ा न दी, उससे बड़ी सज़ा आज़ाद भारत ने दी। अंग्रेज़ी सरकार ने तो उन्हें तीन ही बार जेल भेजा था, किन्तु आज़ाद देश में उन्हें 18 बार जेल जाना पड़ा था। उनके साथ अनेक छल-छद्म किये गये। तत्कालीन बिहार में कर्पूरी जी से बड़ा कोई ओजस्वी-तेज़स्वी नेता नहीं था। उनसे बड़ा राजनीतिक-सामाजिक संघर्ष किसी का नहीं था। जनता ने बार-बार उन्हें अपना विश्वास देकर विधानसभा और लोकसभा में भेजा; फिर भी उन्हें

उचित पद और सम्मान नहीं मिला। कर्पूरी जी समाज के ऐसे वर्ग से आते थे, जिसके पीछे न कोई धनबल था न जनबल। आजकल जनबल का आधार जातीय गणित है और इस दृष्टि से वे अल्पसंख्यक कहे जायेंगे, क्योंकि नाइयों की संख्या कहीं भी एक-दो परिवार से अधिक नहीं है। उन्होंने ग़रीबी को बहुत क़रीब से देखा था। इसलिए उनकी प्रतिबद्धता ग़रीबी और सामाजिक असमानता से रही। उनकी हालत-जहालत की जड़ में जाति और वर्ण-व्यवस्था भी थी, जिससे वे जीवन भर संघर्ष करते रहे। यद्यपि आरक्षण का कर्पूरी फॉर्मूला बहुत ही वैज्ञानिक था, इसमें सभी वर्गों का ख़याल किया गया था, किन्तु इस पर जो घिनौना विरोध हुआ था, उससे वे दुखी भी हुए थे और चिन्तित भी। उन्होंने डॉ. लोहिया की तरह दलित-पिछड़ों की संख्या के अनुपात में भागीदारी का नारा तो नहीं दिया, किन्तु उन्हीं की तरह वे मानते थे कि "भारतीय समाज में तीन वर्ग हैं–पुरस्कृत, तिरस्कृत और बहिष्कृत। प्रथम वर्ग बहुत ही छोटा है, पर अधिकार सम्पन्न है। दूसरा वर्ग सबसे बड़ा है, पर उपेक्षित और सदियों से शोषित और संसाधनों से वंचित है। इसमें पिछड़ा और अति पिछड़ा वर्ग आता है। इनकी ख़ासकर अत्यन्त पिछड़े वर्ग की सामाजिक, शैक्षणिक और आर्थिक स्थिति अत्यन्त दयनीय है। तीसरा वर्ग दलित और आदिवासी समाज है, जिनका सर्वाधिक शोषण हुआ है। वे अछूत और अधिकार वंचित होकर समाज से बाहर गाँव की प्रान्तर सीमा, जंगल और पहाड़ों में रहने को अभिशप्त हैं। उनके साथ अमानवीय व्यवहार हुआ और उनके सभी अधिकार छीन लिए गये। दलित, पिछड़े और आदिवासियों को सामाजिक, आर्थिक और राजनीतिक न्याय मिलना चाहिए।" (राज्यसभा सांसद और कर्पूरी ठाकुर के बड़े पुत्र रामनाथ ठाकुर के आलेख 'सप्तक्रान्ति के संवाहक़', 'परिषद् साक्ष्य' पत्रिका, पृष्ठ 22 के आधार पर) पर सन्तोष की बात है कि आज़ादी के बाद इन वर्गों में धीरे-धीरे बदलाव आया है और पिछड़ा वर्ग राजनीतिक चेतना से लैस होकर शासन और सत्ता के क़रीब भी पहुँचा है। कई राज्यों में उसकी सरकारें हैं। दलित और आदिवासी वर्ग शिक्षा और सेवा में आगे बढ़कर आज देश में कीर्तिमान स्थापित कर रहा है। यह सब बाबा साहेब अम्बेडकर, फुले, पेरियार और कर्पूरी ठाकुर जैसे नेता और समाजसुधारकों के आन्दोलन का ही परिणाम है।

देश के दलित, पीड़ित और शोषित समाज के लिए कर्पूरी ठाकुर सीना तानकर खड़े हो गये और बार-बार कहा–'कमानेवाला खायेगा, लूटनेवाला जायेगा।' दलित-पीड़ित जनता भी सीना तानकर खड़ी हो रही थी, तभी अचानक वे इस दुनिया से चले गये। उनकी मृत्यु के बाद इसी शोषित-पीड़ित चेतना को उनके राजनीतिक चेलों ने अपने-अपने खाते में भुनाया। उन्हीं की विरासत पर लालू यादव, नीतीश कुमार और रामविलास पासवान आदि नेताओं ने सफलता हासिल की। कर्पूरी जी रहते तो सम्भवतः इन वर्गों के कल्याण के लिए कोई ठोस कार्य भी किये गये होते, किन्तु आज यह बहुसंख्यक आबादी नेताओं के 'वोट-बैंक' से अधिक कुछ नहीं है। इतिहास में ऐसे नेता विरले ही होते हैं। दुनिया के इतिहास में शायद ही कोई मुख्यमन्त्री हुआ हो, जिसके माता-पिता और परिजन उसके मुख्यमन्त्रित्व काल में भी अपना पुश्तैनी धन्धा (हजामत और नख आदि काटना) करके अपना पेट पालते हों, जिसके पिता ने ज़मींदारों से मार-पिटाई खायी हो। दुनिया के सबसे ग़रीब और ईमानदार मुख्यमन्त्री भी कर्पूरी जी ही थे, जो अपने सम्पूर्ण राजनीतिक जीवन में न तो अपना पुश्तैनी घर बना सके और न कहीं गाँव या शहर में एक धुर ज़मीन ही ख़रीद सके। प्रसिद्ध पत्रकार और बाद में उन्हीं की पार्टी से विधायक बने दलित नेता ग़ौरीशंकर नागदंश ने कहा था–"हिन्दुस्तान के करोड़ों शोषितों के हक़ के लिए, लाखों निरीह नंगे बच्चों की क़मीज़ और स्लेट के लिए, आँखों में यन्त्रणा का जंगल समेटे भटकती बलत्कृत आदिवासी और दलित महिलाओं की अस्मत और अस्मिता की रक्षा के लिए, बेसहारा किसानों की कुदाल और ज़मीन के लिए, फूस के बूढ़े घरों पर उम्मीद की छप्पर के लिए, हाँफती साँसों वाले हारे हुए लोगों की जीत के लिए, गांधी, लोहिया और अम्बेडकर के सफ़ेद हो चुके सपनों को सतरंगा बनाने के लिए संघर्ष का नाम थे कर्पूरी ठाकुर।" (भारत रत्न कर्पूरी ठाकुर, हिन्दुस्तान वेब पोर्टल)

कर्पूरी जी बिहार की राजनीति के भीष्म पितामह थे। भले ही परिवर्तन की आँधी और आरक्षण की आग में उनकी सरकार चली गयी हो, लेकिन उनके ऊँचे क़द के सामने कोई भी सरकार बहुत छोटी थी। वे निःस्वार्थ समाजसेवी और उत्कट देशप्रेमी थे। अपने जीते-जी उन्होंने अपने दोनों बेटे और एक बेटी को राजनीति में आने नहीं दिया, न उन्हें या अपने

सगे-सम्बन्धियों को कोई सरकारी नौकरी दिलवायी। उनके बेटों को दूसरे नेताओं ने पढ़ाया-लिखाया। मुख्यमन्त्री रहते हुए भी उनकी ग़रीबी को देखकर उनके अनन्य मित्र और राजनीतिक साथी चौधरी चरण सिंह, देवीलाल और हेमवती नन्दन बहुगुणा ने बार-बार उनकी मदद करनी चाही। किन्तु हर बार उन्होंने इनकार कर दिया। वे देश और दुनिया के इतिहास, समाजशास्त्र और राजनीति के गहन अध्येता थे। हिन्दी से लगाव के बावजूद अंग्रेज़ी पर उनकी अच्छी पकड़ थी। वे अक्सर अंग्रेज़ी साहित्य पढ़ते थे। गुर्नार मिर्डल का 'एशियन ड्रामा' उनकी प्रिय पुस्तक थी। जब रामशरण शर्मा का शोध-ग्रन्थ 'शूद्रों का प्राचीन इतिहास' प्रकाशित हुआ, तो उन्होंने उसे फौरन मँगवाकर पढ़ा। वे पक्के स्वतन्त्रता सेनानी थे, किन्तु उन्होंने स्वतन्त्रता सेनानियों को मिलनेवाला पेंशन कभी नहीं लिया। चाहे सरकार किसी की बनी हो, पार्टी कोई भी हो, कर्पूरी जी की राय के बिना सरकार एक क़दम भी नहीं चल सकती थी। या तो उनके सम्मान में या उनके विरोध के भय से सरकार कोई मनमाना निर्णय नहीं ले सकती थी। आजीवन अपराजित विधायक कर्पूरी जी को अपनी पूरी ताक़त लगाकर भी ललित नारायण मिश्र कभी नहीं पराजित कर पाये।

लेकिन महल कब तक झोपड़ी के ताव को बर्दाश्त कर सकता है? महलों के षड्यन्त्र ने आख़िर झोपड़ी के इस लाल को समस्तीपुर की धरती पर पटखनी दे ही मारी। जैसा कि पहले कहा गया है इन्दिरा जी की शहादत की लपट में 1984 की लोकसभा में कर्पूरी जी को अपने राजनीतिक जीवन का पहला पराजय स्वीकार करना पड़ा। पुनः 1985 के विधानसभा चुनाव में कर्पूरी जी को ताजपुर से भी विदा होना पड़ा। यह कर्पूरी जी के साथ सरासर अन्याय था। कर्पूरी जी को अपनी धरती और अपने समाजवादी साथियों पर भरोसा था, अन्यथा देशसेवा को समर्पित इस अथक यात्री को देश ने क्या दिया था? कर्पूरी जी क्षेत्र छोड़ना नहीं चाहते थे, मगर अपने ही लोगों से हारकर उन्हें सोनबरसा (सीतामढ़ी) की शरण में जाना पड़ा। वहाँ की जनता ने कर्पूरी जी को हाथों-हाथ उठा लिया। शेष सभी प्रत्याशियों की जमानत ज़ब्त हो गयीं। कर्पूरी जी फिर कभी वहाँ से लौटकर नहीं आये। ताजपुर और समस्तीपुर की जनता उनके पास जाकर गिड़गिड़ती रही, किन्तु वे नहीं लौटे। और अन्ततः 17 फ़रवरी 1988 को समस्तीपुर और

ताजपुर को ख़ून के आँसू बहाने पड़े, जब यह अथक यात्री बिना कुछ कहे-सुने इस दुनिया से विदा हो गया।

उनकी मृत्यु पर उनके प्रतिपक्षी और बिहार के पूर्व मुख्यमन्त्री डॉ. जगन्नाथ मिश्र ने भी कहा था कि "कर्पूरी जी के साथ अन्याय हुआ।" उनके धुर विरोधी बिहार के तत्कालीन मुख्यमन्त्री भागवत झा आज़ाद ने कहा था—"आज का बिहार, विदेह की यह भूमि, वर्षों-वर्षों तक, आनेवाली शताब्दियों तक देश के जिन महापुरुषों को याद रखेगी, उनमें कर्पूरी ठाकुर का नाम अग्रणी होगा।'' ...कर्पूरी ठाकुर राजनीति का एक नया धर्म और नया अर्थ दे गये हैं।'' ऐसे महापुरुष विरले ही होते हैं, जिनकी प्रशंसा विरोधी भी करें। कर्पूरी ठाकुर ऐसे ही विरले महापुरुषों में थे। सभी बड़े नेताओं और महापुरुषों की मृत्यु पर भीड़ उमड़ती है। पर कर्पूरी ठाकुर की मृत्यु पर जो जनसैलाब उमड़ा था, वह केवल राजनेताओं, सामाजिक-राजनीतिक कार्यकर्ताओं और शहरी बाशिन्दों की भीड़ नहीं थी। बिहार के गाँव-गाँव से ग़रीब-गुरबा, औरत-मर्द और बच्चे अपने मसीहा के अन्तिम दर्शन करने पटना आये थे। उनके पैतृक क्षेत्र ताजपुर और समस्तीपुर तथा अन्तिम कार्यक्षेत्र सोनबरसा से गाड़ी भर-भर कर लोग आये थे। ग्रामीण जनता से पटना शहर पट गया था। शव-यात्रा रूदन और शोक-यात्रा बन चुकी थी। उनके आवास से गंगा के बाँसघाट तक सड़कें जाम हो गयी थीं। तिल धरने की भी जगह नहीं थी। औरतें दहाड़ मारकर रो रही थीं। छोटे-छोटे बच्चे अपने पिता या दादा के कन्धों पर चढ़कर हाथ जोड़े शव को सलाम कर रहे थे। रुदन के बीच 'कर्पूरी ठाकुर अमर रहे' के गगनभेदी नारे लग रहे थे। विधानसभा में कर्पूरी जी के निधन पर शोक सभा में तत्कालीन विधायक और बाद के मुख्यमन्त्री लालू प्रसाद यादव ने कहा था–"अबोलों के बोल कर्पूरी ठाकुर जी गुदड़ी के लाल के रूप में साधारण घर में पैदा होकर इतने ऊँचे स्थान पर गये, जर्जर ज़ात-पात में फँसे बिहार में कर्पूरी जी ने इतना ऊँचा स्थान पाया, इसका मूल कारण यही था कि वे कर्मयोगी थे। उनकी अपनी कोई बिरादरी नहीं थी, उनका कोई ग्रुप नहीं था। हर लोग यह मानते थे कि कर्पूरी जी हमारे हैं और हम कर्पूरी जी के नज़दीक हैं। कर्पूरी ठाकुर जी जैसे मैंने विरले ही किसी नेता की मृत्यु पर देखा कि हम तमाम लोग एकत्रित हैं। बिहार के गाँव-गाँव से ग़रीब

लोग, अन्धे, अपाहिज, विकलांग लोग, जिनको सामाजिक, आर्थिक न्याय नहीं मिला, वे सारे के सारे लोग कर्पूरी जी से सवाल करते थे कि ठाकुर जी बीच में ही आप छोड़कर चले गये, अब हमें कौन देखेगा? ग़रीबों के महान मसीहा की मृत्यु के बाद आज राज्य में ही नहीं, बल्कि पूरे देश में जो शून्यता आयी है, निकट भविष्य में, मैं समझता हूँ कि किसी भी पार्टी में इस तरह का नेता नहीं मिल पायेगा। अध्यक्ष महोदय, मैंने यह देखा था कि गाँव-गाँव से आयी हुई हमारी माताएँ, ग़रीब महिलाएँ गोद में बच्चे लिये महान नेता के चरणों में नमस्कार कर यह व्रत ले रही हैं कि हम आपके मार्ग पर चलेंगे।" (बिहार विधानसभा की कार्यवाही, 24 जून 1988)

उनके निजी सचिव रहे पूर्व मन्त्री अब्दुल बारी सिद्दीक़ी ने कहा है कि वे बेज़ुबानों की ज़ुबान थे। चाहे वे चैम्बर में कुर्सी पर रहे, चाहे आवास में या फील्ड में सैकड़ों लोग उनसे मिलते थे। "मेरा मानना है हज़ारों ऐसे लोग होंगे, जो जीवन में पहली बार कर्पूरी ठाकुर जी के ही आवास या दफ़्तर में कुर्सी पर बैठे होंगे। वे सबसे पहले ऐसे ही लोगों से मिलते थे, जिन्हें कोई नहीं पूछता। ऐसे लोग ग़रीब दलित, पिछड़े, आदिवासी और अल्पसंख्यक ही होते थे।" कर्पूरी जी की शालीनता और आम-अवाम में लोकप्रियता और अपनापन के बारे में उत्तर प्रदेश के प्रसिद्ध समाजवादी नेता हेमवती नन्दन बहुगुणा ने लिखा है–"मैं जब भी पटना जाता, वे मुझसे मिलने चले आते। मैं उनसे बार-बार कहता–मैं आपके घर मिलने आ जाऊँगा। वे कहते–नहीं, आप मुझसे उम्र में बड़े हैं। पर कौन जानता था कि उम्र में बड़े भाई को छोड़कर एक दिन छोटा भाई ही चला जायेगा? कर्पूरी जी के जाने से मन हाहाकार कर उठा है। वैसा भला आदमी फिर नहीं मिलेगा। उनकी शव-यात्रा में मैंने हज़ारों लोगों को रोते हुए देखा। नर-कंकाल सी एक अनजानी औरत ज़ार-ज़ार रोये जा रही थी। एक आदमी के कन्धे पर बैठा एक बच्चा हाथ जोड़कर कर्पूरी जी के शव को प्रणाम कर रहा था। यकीन मानिए पूरी शव-यात्रा में वह हाथ जोड़े ही रहा।" उनके क़रीबी विधायक श्री गौतम सागर राणा ने कहा था–"मेरे जैसे लाखों लोग उनके (कर्पूरी जी के) निकट थे। प्रत्येक के पास हज़ारों क़िस्से उनके सम्बन्ध में जुड़े होंगे। देश के बारे में तो मैं नहीं जानता, परन्तु बिहार (एकीकृत) की पूरी धरती पर कर्पूरी जी के पाँवों के निशान मौजूद हैं और यह चिरकाल तक बना रहेगा।

मेरा सौभाग्य है कि ग़रीबों, वंचितों के लिए हाड़तोड़ मेहनत करनेवाले, उनके प्रति सच्ची प्रतिबद्धता रखनेवाले, सादा जीवन उच्च विचार, अध्ययनशीलता से युक्त, हास-परिहास, विनोदप्रियता में अव्वल कर्पूरी जी का सान्निध्य मुझे प्राप्त हूआ है।" (परिषद् साक्ष्य, पृष्ठ 213)

पूर्व मन्त्री रामचन्द्र पूर्वे ने कर्पूरी जी के मुख्यमन्त्रित्व काल का एक संस्मरण सुनाया। 1977 में प्रो. पूर्वे बिहार विवि, मुज़फ़्फ़रपुर में कुलपति पद के लिए एक पिछड़े वर्ग के प्रोफ़ेसर की पैरवी लेकर मुख्यमन्त्री कर्पूरी ठाकुर के पास पहुँचे। उन्होंने स्पष्ट शब्दों में इनकार करते हुए कहा—"कर्पूरी ठाकुर यदि स्वतन्त्रता सेनानी नहीं होता, समाजवाद का सिपाही नहीं होता, जानकार और ईमानदार नहीं होता, तो इस गलाकट जातिवादी राजनीति में टिकता? नहीं टिकता। इसीलिए योग्य लागों को सही रास्ते से आने दीजिए।"

आज कर्पूरी हमारे बीच नहीं हैं, उनके सपने भी अधूरे हैं। लेकिन उनके सिद्धान्त, विचार और व्यवहार हैं। मौजूदा राष्ट्रीय-प्रान्तीय राजनीति आज उनके सिद्धान्त और विचार से काफ़ी दूर चली गयी है। आज की राजनीति उनके सामाजिक और आर्थिक न्याय के गीत तो गा रही है, पर व्यवहार में उनसे कोसों दूर है। ज़रूरत है आज कर्पूरी जैसे समाजसेवी और राजनेताओं की।

❑❑

तस्वीरों में जननायक

कर्पूरी जी का जन्मस्थल जहाँ जवाहर रोजगार योजना के तहत मकान का निर्माण कार्य किया गया

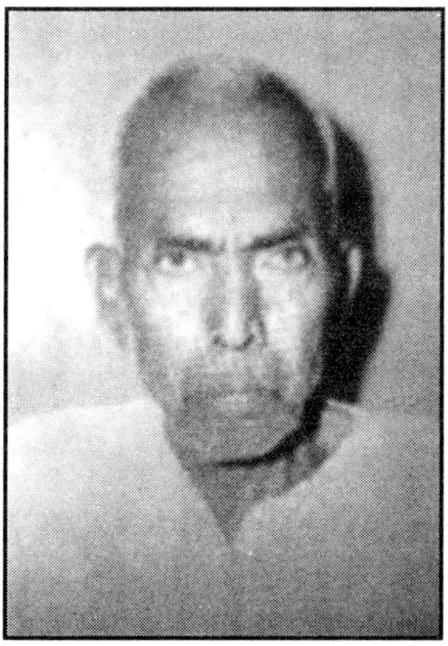

जननायक के पिता स्व. गोकुल ठाकुर

चिन्तन मुद्रा में जननायक

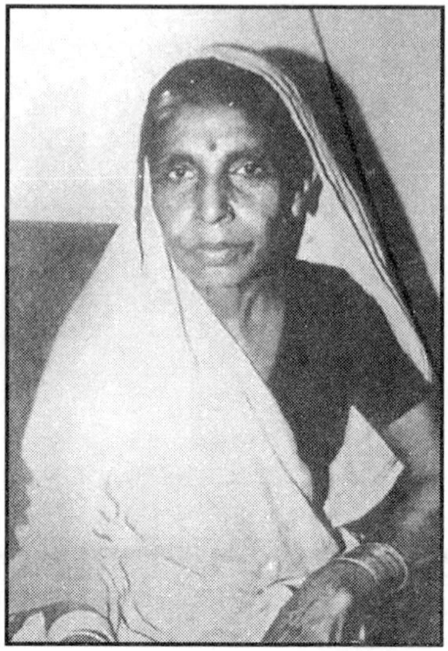

जननायक की पत्नी स्व. फुलेश्वरी देवी

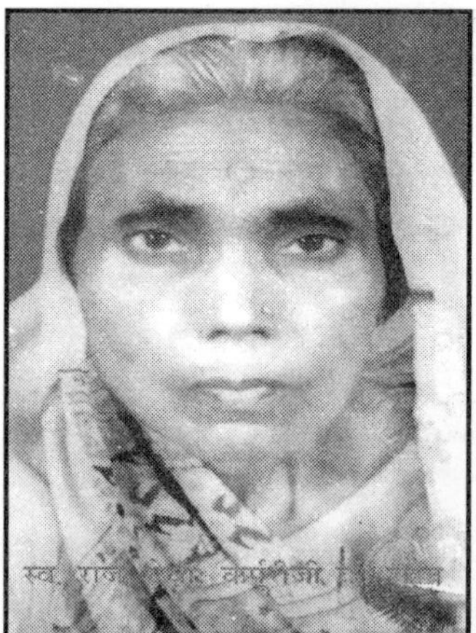

राजो देवी :
कर्पूरी जी की तीसरी बहन

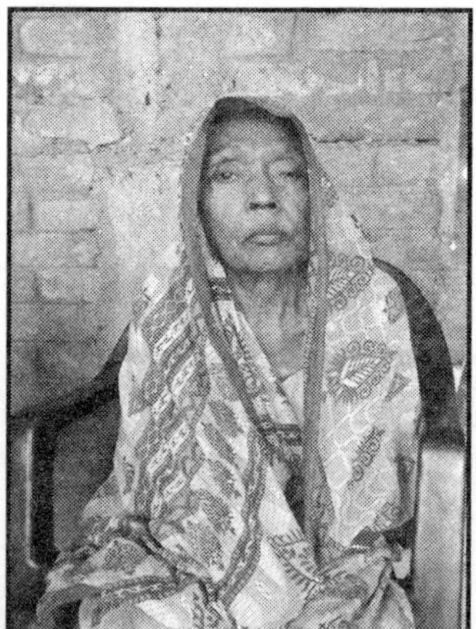

स्व. पार्वती देवी :
कर्पूरी जी की पाँचवीं बहन

पत्नी फुलेश्वरी देवी के साथ जननायक कर्पूरी ठाकुर

पत्नी कनकलता के साथ कर्पूरी जी के छोटे पुत्र वीरेन्द्र ठाकुर

प्राथमिक विद्यालय, कर्पूरी ग्राम, जिसमें उन्होंने प्रारम्भिक पढ़ाई की और बाद में प्रधानाध्यापक भी बने

गोखुल कर्पूरी फुलेश्वरी महाविद्यालय, कर्पूरी ग्राम

प्रसन्नचित्त मुद्रा में जननायक कर्पूरी ठाकुर

मुख्यमन्त्री पद का शपथ ग्रहण करते कर्पूरी ठाकुर

चौधरी देवीलाल के साथ जननायक कर्पूरी ठाकुर

महिला चर्खा समिति, कदमकुआँ, पटना में लोकनायक, महामहिम राज्यपाल, बिहार श्री जगन्नाथ कौशल के साथ जननायक

1977 में गांधी मैदान में प्रधानमन्त्री, मोरारजी भाई देसाई के साथ

1977 में 1, देशरत्न मार्ग स्थित सरकारी आवास में जननायक कर्पूरी ठाकुर

नेता, प्रतिपक्ष के रूप में माननीय मुख्यमन्त्री, श्री बिन्देश्वरी दूबे के साथ रमज़ान के अवसर पर 1, देशरत्न मार्ग, पटना में इफ़्तार पार्टी का आयोजन करते जननायक कर्पूरी ठाकुर

राष्ट्रपति नीलम संजीव रेड्डी का स्वागत करते मुख्यमन्त्री कर्पूरी ठाकुर

फुर्सत के क्षणों में महिला चर्खा समिति, पटना में लोकनायक एवं महामहिम राज्यपाल, बिहार के साथ जननायक

1977 में माननीय प्रधानमंत्री, श्री मोरारजी देसाई के साथ विश्वशांति स्तूप, राजगीर में आयोजित उद्घाटन समारोह के अवसर पर मुख्यमंत्री के रूप में जननायक

माननीय मुख्यमन्त्री के रूप में आकाशवाणी पर 23 सितम्बर, 1970 को
जनता के नाम सन्देश प्रसारित करते हुए जननायक कर्पूरी ठाकुर

एक समारोह का उद्घाटन करते हुए कर्पूरी ठाकुर

कार्यालय कक्ष में अधिकारियों को निर्देश देते कर्पूरी ठाकुर

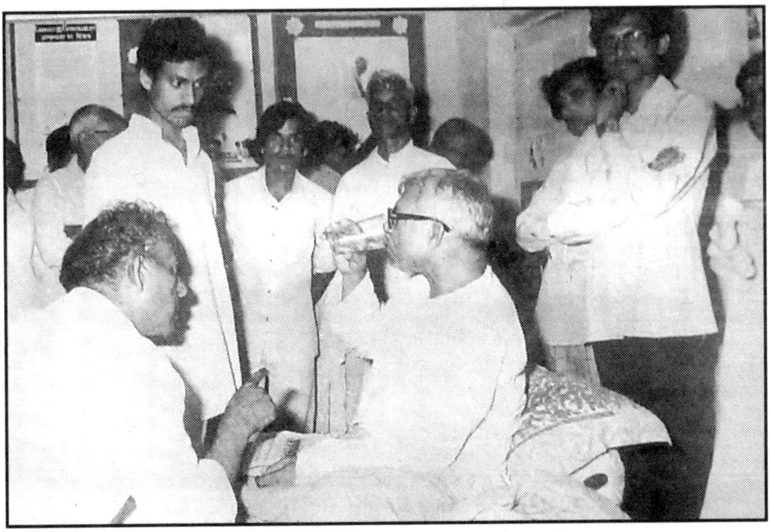

उपवास तोड़ते जननायक कर्पूरी ठाकुर

जनसभा को सम्बोधित करते जननायक

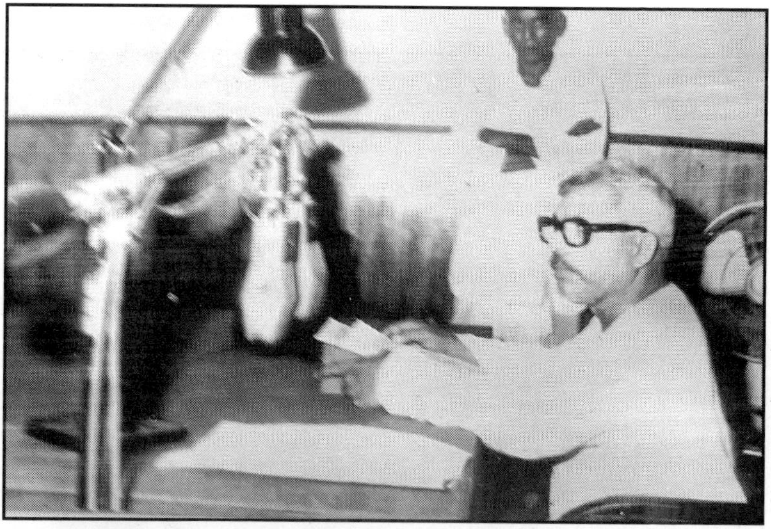

आकाशवाणी से जनता के नाम सन्देश देते जननायक

कार्यालय कक्ष में अधिकारियों से संवाद करते कर्पूरी ठाकुर

गणमान्य नेताओं के साथ कर्पूरी ठाकुर

19 सितम्बर 1969 को पटना में आयी बाढ़ का निरीक्षण करते
जननायक कर्पूरी ठाकुर

विश्वशान्ति स्तूप, राजगीर में माननीय प्रधानमन्त्री, श्री मोरारजी देसाई के साथ राज्यहित
में विमर्श करते मुख्यमन्त्री के रूप में जननायक

श्री एन. नागमणि, प्रधान सचिव के साथ मुख्यमन्त्री कर्पूरी ठाकुर

अपनी पार्टी लोकदल की ओर से मार्च का नेतृत्व करते कपूरी ठाकुर

जीवन की अन्तिम यात्रा के समय वरिष्ठ भाजपा नेता,
श्री लालकृष्ण अडवाणी के साथ जननायक के शोक-संतप्त परिजन

अन्तिम यात्रा में उमड़ जन सैलाब

महामहिम राष्ट्रपति द्रौपदी मुर्मू से भारत रत्न ग्रहण करते कर्पूरी ठाकुर के बड़े पुत्र और राज्यसभा सदस्य श्री रामनाथ ठाकुर

'भारत रत्न' सम्मान के उपलक्ष्य में प्रधानमन्त्री नरेन्द्र मोदी के साथ कर्पूरी जी के परिजन